Bernd Schinner

111 Orte im Fichtelgebirge, die man gesehen haben muss

Mit Fotografien von René Rabenbauer

111

emons:

Bibliografische Information der Deutschen Nationalbibliothek
Die Deutsche Nationalbibliothek verzeichnet diese Publikation in der Deutschen Nationalbibliografie; detaillierte bibliografische Daten sind im Internet über http://dnb.d-nb.de abrufbar.

MIX
Papier aus verantwortungsvollen Quellen
FSC® C083411

Layout: Eva Kraskes, nach einem Konzept
von Lübbeke | Naumann | Thoben
Kartografie: altancicek.design, www.altancicek.de
Kartenbasisinformationen aus Openstreetmap,
© OpenStreetMap-Mitwirkende, ODbL
Druck und Bindung: CPI – Clausen & Bosse, Leck
Printed in Germany 2019
Erstausgabe 2018
ISBN 978-3-7408-0741-2
Aktualisierte Neuauflage Juli 2019

Vorwort

Sagenumwoben, von ausgedehnten Wäldern bedeckt und mit großartigen Felsformationen bedacht, der wunderschöne Siebenstern als Symbolblume – all dies sind unverkennbare Merkmale des Fichtelgebirges. In Nordostbayern an der tschechischen Grenze gelegen, bildet es zusammen mit dem Steinwald ein steinernes Hufeisen, welches nach Osten hin geöffnet ist. Aufgrund des ziemlich rauen Klimas wird die Region auch als »Bayerisch Sibirien« bezeichnet und wegen ihrer urtümlichen Granitlandschaft die »steinreiche Ecke Bayerns« genannt. Gesegnet mit vielen Bodenschätzen und einem großen Wasserreichtum, ist das Fichtelgebirge einer der sehr früh industrialisierten Räume in Deutschland. Im »Ruhrgebiet des Mittelalters« wurde in unzähligen Bergwerken nach wertvollen Erzen geschürft. Später waren Erzeugnisse aus der Glas-, Porzellan-, Stein- und Textilindustrie international erfolgreich – trotz oder wegen der abgeschiedenen Lage unmittelbar am Eisernen Vorhang während des Kalten Krieges.

Im Zuge der Globalisierung löste der Niedergang ganzer Industriezweige ab den 1990er Jahren einen beispiellosen, tief greifenden Strukturwandel aus – die Region geriet zum Sorgenkind. Doch die Talsohle wurde längst durchschritten, die Menschen in Nordostbayern packten das Problem beherzt an. So erlebt das Fichtelgebirge seit Jahren wieder einen Aufschwung. Man schaffte es dabei, neue Ideen mit der traditionsreichen Vergangenheit zu verknüpfen, und so mancher Einheimische reibt sich selbst ungläubig die Augen ob des Erfolgs.

Im Fichtelgebirge und im Steinwald kann man Orte entdecken, die so einzigartig, geschichtsträchtig, merkwürdig, wunderschön oder einfach nur skurril sind, dass man sie unbedingt gesehen haben muss. 111 von ihnen werden in diesem Buch vorgestellt und lassen die Region aus einem Blickwinkel betrachten, der vielleicht selbst eingefleischte Kenner überrascht.

111 Orte

1___ Die Nagelfabrik | Arzberg
Wo Nägel mit Köpfen gemacht werden | 10

2___ Das Wohnhaus Humboldts | Arzberg
Von der Vermessung der Welt | 12

3___ Der Stausee | Arzberg-Haid
Wo einst Turbinen gekühlt wurden | 14

4___ Der Bismarckturm | Aš (Asch)
Im böhmischen Teil des Fichtelgebirges ganz oben | 16

5___ Das Lutherdenkmal | Aš (Asch)
Das einzige seiner Art in ganz Böhmen | 18

6___ Das Markgräfliche Schloss | Bad Alexandersbad
Wehe, wenn Sie mal müssen … | 20

7___ Die Burgen Bad Bernecks | Bad Berneck
Steile Hügel, sechs Ruinen und viel Mittelalter | 22

8___ Der Dendrologische Garten | Bad Berneck
Gewidmet allen Bäumen dieser Welt | 24

9___ Das Hammerherrenhaus | Bischofsgrün-Fröbershammer
Wo waschechte Romantiker ihr Haupt betteten | 26

10___ Der Fernsehturm | Bischofsgrün-Ochsenkopf
Oberfrankens höchstes Bauwerk | 28

11___ Das Dach Frankens | Bischofsgrün-Schneeberg
In Franken ganz oben | 30

12___ Das Panoramadorf | Bischofsgrün-Wülfersreuth
Wohnen im Dachgeschoss des Fichtelgebirges | 32

13___ Das Schloss | Brand bei Marktredwitz
Wo der »Uranverein« ein Geheimlabor hatte | 34

14___ Das Max-Reger-Geburtshaus | Brand in der Oberpfalz
Von jemandem, der alle REGistER zog | 36

15___ Die Premium-Brennerei | Erbendorf
Wo seit über 200 Jahren edle Tropfen entstehen | 38

16___ Das Drehlokal | Erbendorf-Pfaben
Wo man sich nicht den Hals verrenken muss | 40

17___ Das Automuseum | Fichtelberg
Wo man auf automobile Leidenschaft trifft | 42

18___ Die Eulenstube | Fichtelberg
Ein Raum, der nicht nur einen Vogel hat | 44

19 Der Killerweitweg | Fichtelberg
Der wohl merkwürdigste Straßenname der Region | 46

20 Das Silbereisenbergwerk | Fichtelberg-Neubau
Das weltweit einzige seiner Art | 48

21 Die Rennstrecke | Friedenfels
Ich will Spaß, ich geb Gas … | 50

22 Der Holzschlachtstein | Fuchsmühl
Wo ernsthaft bis aufs Blut geholzt wurde | 52

23 Das Schlachtfeld | Gefrees-Lützenreuth
Wo Österreicher gegen Napoleons Truppen gewannen | 54

24 Das Goldrevier | Goldkronach
Wo sich Deutschlands Eldorado befindet | 56

25 Die Baille-Maille-Allee | Himmelkron
Fürstlicher Freizeitsport im 17. Jahrhundert | 58

26 Die Stauferburg | Hohenberg an der Eger
Alte Grenzfestung mit jugendlichem Flair | 60

27 Das verschwundene Dorf | Hradčany (Rathsam)
Wo kein Stein mehr auf dem anderen steht | 62

28 Das Handfeuerwaffenmuseum | Kemnath
Historische Gewehre hinter alten Gefängnismauern | 64

29 Die Fränkische Linie | Kemnath-Waldeck
250 Millionen Jahre in einem einzigen Schritt | 66

30 Die Ruinen von Waldeck | Kemnath-Waldeck
Burg und Berg mit feuriger Vergangenheit | 68

31 Das Granitlabyrinth | Kirchenlamitz
Wo man sich nicht verliert, sondern findet | 70

32 Das RadQuartier | Kirchenlamitz
Trick it! | 72

33 Der Mittelpunkt der Welt | Kirchenlamitz-Hohenbuch
Wo dafür gesorgt wird, dass alles rundläuft | 74

34 Das Reslhaus | Konnersreuth
Wo Wissen aufhört, fängt Glaube an | 76

35 Der Akanthus-Altar | Krummennaab-Thumsenreuth
Spätbarockes Meisterstück der Holzschnitzkunst | 78

36 Die Kirche auf dem Vulkan | Kulmain-Armesberg
Geologie und Glaube Seit an Seit | 80

37 Der Roußbuttnbou | Marktleuthen
Einer wie Pech und Schwefel | 82

38 Der 50. Breitengrad | Marktredwitz
50°00'00" N und 12°08'69" O | 84

39___ Das Egerland-Kulturhaus | Marktredwitz
Neue Heimat für die »Eghalanda Gmoin« | 86

40___ Das Schnapsmuseum | Marktredwitz
100 Prozent Hochprozentiges | 88

41___ Das Sterbehaus des Admirals | Marktredwitz
Rolling home … | 90

42___ Die Theresienkirche | Marktredwitz
Wo einst der Erdäpfelkrieg tobte | 92

43___ Die Schiefe Ebene | Marktschorgast
Ganz schön schräg | 94

44___ Der Wildpark | Mehlmeisel
Faszinierende Tierwelt und viele königliche Namen | 96

45___ Die Wolfssäule | Mehlmeisel
Wo das letzte Heulen in Bayern verstummte | 98

46___ Das Hammerkirchl | Mehlmeisel-Unterlind
Ein selten gewordener Ort der Stille und Einkehr | 100

47___ Der Zoigl | Mitterteich
Wo es noch echtes Bier mit Charakter gibt | 102

48___ Das Zwischenlager | Mitterteich
Wo Becquerel, Röntgen und Sievert Geiger zählen | 104

49___ Das Kräuterdorf | Nagel
Wo für jeden ein Kraut gewachsen ist | 106

50___ Die Hauptwasserscheide | Nagel-Wurmloh
Wo sich die Nordsee vom Schwarzen Meer trennt | 108

51___ Der Viadukt | Neusorg-Riglasreuth
Wo einst der Orientexpress das Fichtelnaabtal überquerte | 110

52___ Der verrückte Bahnhof | Pechbrunn
Was nicht passt, wird passend gemacht | 112

53___ Das Kunsthaus | Rehau
KONSTRUKTIV und KONKRET! | 114

54___ Die Modellstadt | Rehau
Auferstanden aus Ruinen | 116

55___ Das Kartoffeldenkmal | Rehau-Pilgramsreuth
Wo die tolle Knolle zuerst nach Deutschland kam | 118

56___ Der Wasserfall | Röslau-Thusmühle
Wo man das Element immer wieder spüren kann | 120

57___ Das Grenzmuseum | Schirnding
Haben Sie etwas zu verzollen? | 122

58___ Das Comicmuseum | Schwarzenbach an der Saale
Krächz! Schepper! Zack! Bumm! Seufz! | 124

59___ Die größte Kaffeekanne | Selb
Porzellanweltrekord made in Selb | 126

60___ Das kleinste Hochhaus | Selb
Warum nüchtern, wenn es auch extravagant geht? | 128

61___ Die Künstlerfassaden | Selb
Einfach dreifach gute Kunst am Bau | 130

62___ Die Lebkuchen Bill Clintons | Selb
Gebäck, bei dem das Weiße Haus schwach wurde | 132

63___ Das Porzellangässchen | Selb
Wo man teures Pflaster betritt | 134

64___ Das Porzellanwerk | Selb
Meisterwerk des Industriebaus von Walter Gropius | 136

65___ Das Rosenthal Casino | Selb
Zu Gast in Deutschlands ältestem Design-Hotel | 138

66___ Das Porzellanikon | Selb-Plößberg
Europas größtes Spezialmuseum für Porzellan | 140

67___ Die Wasserkraftwerke | Selb-Silberbach
Ein Industriedenkmal für erneuerbare Energie | 142

68___ Die Kirche Maria Loreto | Starý Hrozňatov (Altkinsberg)
Wo ein Baustein der Versöhnung gelegt wurde | 144

69___ Der Bergfried | Thierstein
Wo man den Blick weit schweifen lassen kann | 146

70___ Das Massengrab | Thierstein
Wo der Anblick Schweigen gebietet | 148

71___ Der Kulturhammer | Thierstein-Kaiserhammer
Ein Dorf erfindet sich neu | 150

72___ Das Hammerschloss | Tröstau-Leupoldsdorf
Wo einst der Hammer hing | 152

73___ Die Europabrücke | Újezd (Mähring)
Große Geste am westlichsten Ort Tschechiens | 154

74___ Die Ruine Weißenstein | Waldershof-Hohenhard
Die schönste weit und breit | 156

75___ Die Stiftsbasilika | Waldsassen
Barocker Glanz mit Gruselfaktor | 158

76___ Die Straußenfarm | Waldsassen
Wo man den Kopf nicht in den Sand steckt | 160

77___ Die Mineralbrunnen | Waldsassen-Kondrau
Das Tafelwasser der bayerischen Fürsten | 162

78___ Das Mahnmal | Waldsassen-Svatý Kříž (Heiligenkreuz)
Wo der Eiserne Vorhang Europa durchtrennte | 164

79___ Das Rathaus im Bahnhof | Warmensteinach
Wo der Zug trotz allem nicht abgefahren ist | 166

80___ Die Schanzen | Warmensteinach
Ziiiieeeehhhh!!!! | 168

81___ Der verschwiegene Gasthof | Warmensteinach
Wo ein historisches Mordkomplott geschmiedet wurde | 170

82___ Der Bergbauernhof | Warmensteinach-Grassemann
Leben und arbeiten wie vor 300 Jahren | 172

83___ Die Sprachgrenze | Warmensteinach-Grenzhammer
»Mer sichd ned werglich vill, ower dafia häjert ma umsua mejinerer« | 174

84___ Das Landhaus Winifred Wagners | Warmensteinach-Oberwarmensteinach
Wo »Winnie« ihre Götterdämmerung erlebte | 176

85___ Die Filmkulisse | Weidenberg
»Klappe … und Action!« | 178

86___ Die Scherzenmühle | Weidenberg
»Rickeracke! Rickeracke!« | 180

87___ Die Destillerie Sack | Weißenstadt
Wahrhaftig gute Geiste seit über 150 Jahren | 182

88___ Das Kleine Museum | Weißenstadt
Konkrete Kultur auf der Peunt | 184

89___ Der Poesiepfad | Weißenstadt
Meine Worte – dein Stein – mein See – dein Pfad | 186

90___ Das Rogg-in | Weißenstadt
Volles Korn – der Roggen rockt! | 188

91___ Die Drei Brüder | Weißenstadt-Rudolfstein
Das schönste und härteste Matratzenlager | 190

92___ Das Uranbergwerk | Weißenstadt-Rudolfstein
Wo einst eine strahlende Zukunft gesucht wurde | 192

93___ Der Atombunker | Wunsiedel
Nichts für Klaustrophobiker | 194

94___ Die ewige Baustelle | Wunsiedel
Einfach Kult! | 196

95___ Das Fichtelgebirgsmuseum | Wunsiedel
Bayerns größtes Regionalmuseum | 198

96___ Das Jean-Paul-Geburtshaus | Wunsiedel
Die Wiege des »Lieblingsdichters der Deutschen« | 200

97___ Der Katharinenberg | Wunsiedel
Bayerns ältester Bürgerpark in neuem Gewand | 202

98___ Das Koppetentor | Wunsiedel
Das letzte Stadttor und Wahrzeichen Wunsiedels | 204

99___ Die Mumie | Wunsiedel
Wo die sprichwörtliche Leiche im Keller liegt | 206

100___ Das Naturstein-Archiv | Wunsiedel
Wo man sich steinreich fühlen kann | 208

101___ Das Sängergrab | Wunsiedel
Peter Hofmanns letzte Ruhestätte | 210

102___ Das Zeitelmoos | Wunsiedel
»O schaurig ist's übers Moor zu gehen …« | 212

103___ Der Zuckerhut | Wunsiedel
16 Meter indoor am Vertical Limit | 214

104___ Das älteste Dorf | Wunsiedel-Göpfersgrün
Quicklebendig seit 1135 | 216

105___ Der Panoramagipfel | Wunsiedel-Kösseinehaus
Am höchstgelegenen Wohnort Frankens | 218

106___ Das Felsenlabyrinth | Wunsiedel-Luisenburg
Wo einen der Granit nicht mehr loslässt | 220

107___ Das Freilichttheater | Wunsiedel-Luisenburg
Die schönste Bühne der Welt | 222

108___ Der Dorfbrunnen | Wunsiedel-Schönbrunn
Wo Funktionalität auf Ästhetik trifft | 224

109___ Das Erotik-Bier | Wunsiedel-Schönbrunn
Vom erregenden Moment des Biergenusses | 226

110___ Der Bärenfang | Zell-Großer Waldstein
Wo man Meister Petz auf den Pelz rückte | 228

111___ Der Magnetberg | Zell-Haidberg
Wo die Kompassnadel Tango tanzt | 230

1 Die Nagelfabrik

Wo Nägel mit Köpfen gemacht werden

Es geht beschaulich zu im G'steinigt, der amtlich als Geotop ausgewiesenen Röslauschlucht bei Arzberg. Lediglich ein regelmäßiges, schnelles metallisches Pochen durchdringt die ansonsten ruhige Naturlandschaft. Ein Wanderweg zwängt sich zwischen die Röslau und einen lang gestreckten Fabrikkomplex. Es handelt sich hierbei um das Gelände der Firma Ludwig Künzel.

Man ahnt nicht, dass sich hier hinter Zaun und rot und gelb bemalten Mauern ein Betrieb befindet, der schon seit 1890 maschinengeschmiedete Nägel herstellt, die handgeschmiedeten Exemplaren zum Verwechseln ähnlich sind. Dies ist die älteste Nagelfabrik Deutschlands, ein besonders lebendiges und interessantes Stück Industriegeschichte.

Vor der Toreinfahrt befindet sich ein kleiner überdachter Pavillon, der recht anschaulich über die Firmengeschichte informiert und in welchem auch eine Nagelmaschine der ersten Generation ausgestellt ist, die seinerzeit etwa 50 Nägel in der Minute herstellen konnte. Heutige vollautomatische Anlagen schaffen mehrere tausend Exemplare in derselben Zeit. Für die Öffentlichkeit ist das Firmengelände leider nicht zugänglich.

Die Gewerke der zum Teil weit über 95 Jahre alten und als Unikate gebauten Schmiedemaschinen sind derart laut, dass die Arbeiter sich in besonderer Zeichensprache miteinander verständigen müssen. Die Auftragsbücher für diese Art Nägel sind heute mehr denn je voll. Vor allem im Bereich der Denkmalpflege schätzt man europaweit die unterschiedlichen Nagelsorten aus dem Hause Künzel: egal, ob als Zierstifte in restaurierten Türbeschlägen, als Nägel im Bereich der Sattlerei beziehungsweise der Möbelrestauration, als Befestigungsnägel auf neuen Schieferdacheindeckungen oder als Tapetennägel für barocke Theaterbühnenanlagen. Seit nunmehr über sechs Generationen fertigt die Familie Künzel in Arzberg je nach Wunsch passgenau präzise Nägel mit besonderen Köpfen.

Adresse G'steinigt 1, 95659 Arzberg | **Anfahrt** A 93, Ausfahrt Marktredwitz-Nord, dann B 303 Richtung Arzberg, nach der Ortschaft Seußen an der Abzweigung Arzberg rechts ausfahren und nach links auf die Kreisstraße WUN 18 abbiegen und bis nach Arzberg fahren, im Ort der Marktredwitzer Straße bis nach dem ersten Kreisverkehr folgen, danach rechts in die Straße G'steinigt abbiegen und dieser bis zum Werksgelände folgen | **Öffnungszeiten** nur von außen zu besichtigen | **Tipp** Die Röslauschlucht und das Geotop »G'steinigt« befinden sich in unmittelbarer Nähe zum Fabrikgelände und sind über einen Wanderweg sehr gut erschlossen.

2 Das Wohnhaus Humboldts

Von der Vermessung der Welt

Er gilt als einer der deutschen Naturforscher von Weltrang: der preußische Universalgelehrte Alexander von Humboldt (1769 bis 1859). Sein Lebenswerk umfasst umfangreiche Studien zu allen möglichen naturwissenschaftlichen Bereichen, die er auch in einer Art Gesamtschau miteinander zu verknüpfen versuchte. Diese Form von Interdisziplinarität vieler Einzelwissenschaften, von Astronomie bis Zoologie, machte ihn zu einem Vordenker des heutigen naturwissenschaftlichen Forschungsansatzes.

Vor Beginn seiner legendären großen Expeditionsreise nach Amerika 1799 war der talentierte Ausnahmebeamte von 1792 bis 1796 im Fichtelgebirge und im Frankenwald tätig. Er wurde mit der Aufgabe betraut, in der gerade preußisch gewordenen Markgrafschaft von Bayreuth und Ansbach dem im Prinzip seit Ende des Dreißigjährigen Krieges darniederliegenden Bergbau neues Leben einzuhauchen und wieder auf die Beine zu helfen. Der junge Absolvent der Bergakademie Freiberg in Sachsen begann sein Assessorenamt im Bergbauwesen mit großer Leidenschaft und einer vorbildlichen Präzision. Sein akribisches Arbeiten blieb auch den Ministerien in Berlin nicht verborgen. So wurde er 1794 zum Bergrat und bereits ein Jahr später zum Oberbergrat befördert.

Um möglichst effizient arbeiten zu können, unterhielt der Wissenschaftler mehrere Wohnungen. Im Fichtelgebirge lebte er abwechselnd in Arzberg sowie in Goldkronach, wo er jeweils mit privatem Kapital eine Schule für Bergleute gründete und leitete. Hinzu kam noch ein weiterer Wohnsitz und Schulstandort in Bad Steben im Frankenwald. Das aufwendig restaurierte frühklassizistische Wohnhaus Alexander von Humboldts in Arzberg befindet sich über den Dächern der Stadt direkt neben der historischen Kirchenburganlage. Es beherbergt heute ein Kulturzentrum sowie einen Restaurantbetrieb. Eine Gedenktafel erinnert an den wohl berühmtesten Bewohner des Hauses.

Adresse Humboldtstraße 4, 95659 Arzberg | **Anfahrt** A 93, Ausfahrt Marktredwitz-Nord, dann B 303 Richtung Arzberg, nach der Ortschaft Seußen an der Abzweigung Arzberg rechts ausfahren und nach links auf die Kreisstraße WUN 18 abbiegen und bis nach Arzberg fahren, im Ort der Marktredwitzer Straße bis zum Marktplatz folgen, dort rechts in die Rathausstraße abbiegen, weiter nach links in die Egerstraße einbiegen und dem Verlauf bergauf bis zur Abzweigung Humboldtstraße folgen | **Tipp** Der künstlerisch sehr aufwendig angelegte »Terrassengarten des Lebens« in der Egerstraße liegt unweit des Humboldthauses unterhalb der Kirchenburg.

3 Der Stausee

Wo einst Turbinen gekühlt wurden

Nichts erinnert in Arzberg mehr an eines der ältesten Braunkohlekraftwerke Deutschlands. Nichts zeugt mehr von der dank modernster Rauchgasfiltertechnologie seinerzeit saubersten Kohlekraftwerkanlage in Europa, die einzig und allein betriebswirtschaftlichen Rationalisierungsmaßnahmen eines Energiekonzerns zum Opfer gefallen war. Das 1915 in Betrieb genommene, mehrfach erweiterte und 2003 stillgelegte Dampfkraftwerk östlich der Stadt wurde 2006 vollständig abgerissen und das Gelände in den Folgejahren für über 7,5 Millionen Euro renaturiert. Nichts außer dem ehemaligen Umspannwerk ist mehr übrig von einem Pionierstück deutscher Technikgeschichte. Wirklich nichts?

Im Süden von Arzberg erstreckt sich am Fuße des Kohlbergs, der von den Einheimischen gern »Arzberger Zuckerhut« genannt wird, der über 1,3 Kilometer lange Feisnitz-Stausee, benannt nach seinem Hauptzufluss. Das aus Vor- und Hauptsperre bestehende Gewässer wurde in den frühen 1970er Jahren angelegt und sollte als Kühlwasserreservoir für das nahe gelegene Kraftwerk in Arzberg dienen. Dort wurden zwischen 1971 und 1974 neue Kühltürme gebaut und die Anlage erweitert. Der Fluss Röslau konnte vor allem bei Niedrigwasserstand nicht mehr genügend Kühlwasser liefern. Der neue Stausee sollte dies regulieren und den Flusspegel der Röslau wieder ausgleichen.

Der Feisnitz-Speicher bedeckt das Areal der Zeche »Treue Freundschaft«, auf dem vom Ende des 18. bis Mitte des 19. Jahrhunderts im Tagebaubetrieb Alaunerz abgebaut wurde. Heute ist der Stausee im Besitz der Stadt Arzberg. Das über 15,5 Hektar große Gewässer des Hauptspeichers sowie der etwa 4,2 Hektar große Vorspeicher dienen vor allem Naherholungssuchenden aus der Umgebung als Freizeitraum. Auch für die Fischzucht wird die ehemalige Kühlwasserreserve rege genutzt. Es ist also doch noch nicht alles von Arzbergs altem Kraftwerk verschwunden …

Adresse Arzberg-Haid, 95659 Arzberg | Anfahrt A 93, Ausfahrt Marktredwitz-Nord, dann B 303 Richtung Arzberg, Ausfahrt Seußen, nach der Durchquerung der Ortschaft Seußen den Kreisstraßen WUN 18 und WUN 14 sowie der Beschilderung zum Stausee folgen | Tipp Die Waldenfelswarte auf dem 632 Meter hohen Kohlberg bietet einen umfassenden Panoramablick.

4 Der Bismarckturm

Im böhmischen Teil des Fichtelgebirges ganz oben

Das westböhmische Städtchen Asch (tschechisch: Aš) liegt im nordwestlichsten Teil der tschechischen Republik und ist mit seinem Umland, dem Böhmischen Vogtland, von drei Seiten her von deutschem Staatsgebiet umgeben: dem Fichtelgebirge direkt im Westen, dem Bayerischen Vogtland im Nordwesten und dem Sächsischen Vogtland im Norden und Nordosten. Bis zum Ersten Weltkrieg überregional bekannt für seine hochwertige Textilindustrie, fristete die Stadt nach dem Ende des Zweiten Weltkrieges und der anschließend durchgeführten Vertreibung der deutschsprachigen Bevölkerung über Jahrzehnte hinweg in unmittelbarer Nähe zum Eisernen Vorhang ein äußerst tristes Dasein. Viele Menschen aus der Region sprachen selbstironisch vom »A(r)sch der Welt«.

Der 758 Meter hohe Hainberg (tschechisch: Háj) gilt als Hausberg von Asch und wird von der Bevölkerung das ganze Jahr über als Naherholungsgebiet genutzt. Man mag sich nun über die genaue geografische Zuordnung streiten, ob der Berg morphologisch noch zum Fichtelgebirge oder bereits zum Elstergebirge gehört. Fakt ist, dass man seit der Erbauung des Bismarckturms im Jahr 1903 von dort oben aus einen hervorragenden Rundblick über das Dreiländereck Bayern-Sachsen-Böhmen erleben kann.

Das insgesamt 34 Meter hohe, begehbare und 1904 feierlich eingeweihte Denkmal für den ersten deutschen Reichskanzler ist der älteste von drei Bismarcktürmen auf tschechischem Gebiet. Er wurde außen aus Granit und innen aus Ziegelmauerwerk errichtet. Zwei Wendeltreppen, zunächst über 102 Stufen aus Granit, dann weiter über 13 Stufen aus Eisen, führen auf eine Aussichtsplattform. Hier kann man knapp 23 Meter über dem Eingang den wunderbaren Ausblick genießen. Die große Beliebtheit des Ausflugsziels führte nicht zuletzt dazu, dass der etwa 2.000 Tonnen schwere Turm sehr gut erhalten ist und bereits vor der politischen Wende 1989 saniert worden war.

Adresse Háj (Hainberg), CZ-35201 Aš | **Anfahrt** A 93, Ausfahrt Selb-Nord, dann über die Staatsstraße 2179 und den Grenzübergang Selb / Asch nach Tschechien, abbiegen nach links und bis zum Bahnhof Aš-město fahren, nach links in die Gustava Geipela, dann im Kreisverkehr nach rechts und im zweiten Kreisverkehr links in die Rybniční, weiter gleich rechts in die Kamenná und wieder rechts in die Dlouhá und bis zum Ortsende durchfahren, am Friedhof nach links zum Freizeitzentrum einbiegen, von dort aus zu Fuß etwa 500 Meter bis zum Bismarckturm | **Öffnungszeiten** täglich geöffnet von April – Okt., Eintritt frei | **Tipp** Das Stadtmuseum neben der Sankt-Nikolaus-Kirche gibt interessante Einblicke in die Vergangenheit der Stadt Asch.

5 Das Lutherdenkmal

Das einzige seiner Art in ganz Böhmen

Der Reformator Martin Luther beschäftigt und begeistert nach wie vor Menschen aus aller Welt. Das Lutherjahr 2017 stand ganz im Zeichen des 500. Jahrestags des historischen Thesenanschlags zu Wittenberg. Böhmen wurde kirchengeschichtlich durch andere Reformatoren wie beispielsweise Jan Hus geprägt. Es ist trotzdem über die Jahrhunderte hinweg stark katholisch beeinflusst worden, nicht zuletzt durch die Habsburger Monarchie Österreichs.

Asch im äußersten Nordwesten Böhmens hat hier eine Sonderstellung inne. Seit der Mitte des 16. Jahrhunderts waren die Herrschaften von Asch und Umgebung über mehrere Generationen hinweg Anhänger der Reformation und somit evangelisch-lutherischer Konfession. Dies wurde im Westfälischen Frieden 1648 bestätigt – trotz Zugehörigkeit zum im Dreißigjährigen Krieg mit Gewalt rekatholisierten Königreich Böhmen. Durch die Habsburger Kaiserin Maria Theresia wurde der lutherischen Gemeinde von Asch Glaubensfreiheit fest zugesichert, allerdings zum Preis der Unabhängigkeit des Ascher Ländchens, welches nun fest zu Böhmen gehörte.

Im evangelischen Asch wurde daher am 400. Geburtstag des großen Reformators Martin Luther, dem 11. November 1883, ein Denkmal eingeweiht. Es ist das einzige seiner Art in ganz Tschechien. Auf einem Sockel aus Fichtelgebirgsgranit steht die ursprünglich in Nürnberg geschaffene, etwa zwei Meter hohe Bronzeskulptur von Doktor Martin Luther mit aufgeschlagener Bibel. Der Platz, auf dem das Denkmal steht, wird kurioserweise nach dem böhmischen Reformator Husplatz genannt. Dem Lutherdenkmal direkt gegenüber befindet sich ein weiterer interessanter Erinnerungsort. Hier stand bis 1960 die in den Jahren 1747 bis 1749 erbaute evangelische Stadtkirche von Asch, die Dreifaltigkeitskirche. Durch einen verheerenden Brand, der bei Renovierungsarbeiten ausgebrochen war, wurde sie vollständig zerstört und anschließend abgetragen.

Adresse Husovo nám. (Husplatz), CZ-35201 Aš | **Anfahrt** A 93, Ausfahrt Selb-Nord, dann über die Staatsstraße 2179 und den Grenzübergang Selb / Asch nach Tschechien, abbiegen nach links und bis zum Bahnhof Aš-město fahren, nach links in die Gustava Geipela, dann im Kreisverkehr nach links bis zum Rathaus am Goetheplatz, vom Rathaus bis zum Denkmal am Husplatz laufen | **Tipp** Die Umgebung des Lutherdenkmals mit dem Denkmal für die frühere evangelische Dreifaltigkeitskirche sowie das Rathaus am Goetheplatz sind sehenswert.

6 Das Markgräfliche Schloss

Wehe, wenn Sie mal müssen …

Das beschauliche Bad Alexandersbad ist mit seinen etwa 1.000 Einwohnern das kleinste Kurbad Bayerns. Benannt ist der Ort nach Markgraf Karl Alexander von Brandenburg-Ansbach-Bayreuth, dem letzten Bayreuther Markgrafen, der ab 1782 den Bereich um die 1734 entdeckte Heilquelle, einen sogenannten Eisensäuerling, im Sichersreuther Tal ausbauen ließ. Dabei entstand zunächst das erste und älteste Gebäude, das klassizistische Markgräfliche Schloss, das heutige Ortszentrum. Hinzu kamen Brunnen, ein Badehaus, mehrere Parkanlagen mit Pavillons und Alleen. Die Qualität und Wirkung des Alexandersbader Heilwassers waren derart gut, dass sich in den folgenden Jahrzehnten bis zum Ausbruch des Ersten Weltkrieges viele Reiche und Schöne und auch Vertreter des europäischen Hochadels gern hier blicken ließen. Die räumliche Nähe zum böhmischen Bäderdreieck Franzensbad-Marienbad-Karlsbad begünstigte dies. Die bekanntesten Gäste waren das 1805 für mehrere Wochen in Alexandersbad weilende preußische Königspaar Friedrich Wilhelm III. mit Gemahlin Luise zusammen mit ihren Kindern und dem Hofstaat. Seit diesem Aufenthalt wird die Heilquelle »Luisenquelle« genannt. Auch Goethe logierte 1785 und 1820 im Alexandersbader Schloss.

Bei dessen Bau unter der Leitung des Bayreuther Hofbauinspektors Johann Gottlieb Riedel kam es allerdings zu einem logistischen Fauxpas, der sich jedoch erst bei der feierlichen Eröffnung offenbarte: Man hatte vergessen, ins neue Gebäude mit insgesamt 27 Zimmern nebst großem Saal eine Toilette einzubauen. Der anwesende Markgraf soll sich sehr amüsiert gezeigt haben, als die Festgesellschaft nach dem opulenten Bankett für ihre notwendige körperliche Erleichterung Bäume und Büsche des Schlossparks aufsuchen musste. Dieser Baumangel wurde mittlerweile natürlich behoben, und alle Kurgäste können heute ohne Probleme ihr Heilwasser zu sich nehmen und wieder lassen …

Adresse Markgrafenstraße 43, 95680 Bad Alexandersbad | **Anfahrt** A 93, Ausfahrt Marktredwitz-Nord, dann B 303 Richtung Wunsiedel, Ausfahrt Wunsiedel, nach links in die Staatsstraße 2177 beziehungsweise die Markgrafenstraße abbiegen und ihr bis ins Ortszentrum folgen | **Öffnungszeiten** Das Schloss ist Bestandteil des Kurparks, von innen aber nicht zu besichtigen. | **Tipp** Das Alexandersbader Lichterfest findet jedes Jahr Ende Juli statt und ist ein besonderes Erlebnis für die ganze Familie.

7 Die Burgen Bad Bernecks

Steile Hügel, sechs Ruinen und viel Mittelalter

Menschen, die der Ritterromantik zugeneigt sind, könnten bei einem Besuch in Bad Berneck eventuell Gefahr laufen, eine Überdosis davon zu bekommen. In jedem Fall ist die Burgruinendichte in der Umgebung des Kurortes bayernweit einzigartig. Sechs verschiedene Wehranlagen aus unterschiedlichen mittelalterlichen Epochen reihen sich auf engstem Raum wie Perlen einer Kette aneinander.

Dies lag nicht zuletzt an der strategisch bedeutsamen Lage des Ortes. Zum einen ließ sich die hügelige Umgebung mit ihren schmalen und tiefen Tälern sehr gut überwachen, zum anderen trafen hier im Mittelalter diverse Grenzen zwischen mehreren politischen und auch kirchlichen Herrschaftsgebieten aufeinander. Hinzu kommt, dass der Ort direkt an einer uralten Fernhandelsstraße liegt, die von Stettin an der Ostsee bis nach Rom führte, der Via Imperii.

Wer sich für die Historie des mittelalterlichen Burgenbaus in Franken interessiert, der kommt in Bad Berneck in vollem Umfang auf seine Kosten. Auf dem »Burgenwanderweg« kann man an nur einem Tag eine Zeitreise durch 600 Jahre Burgenkultur machen. Die älteste Anlage umfasst die Reste einer typischen frühmittelalterlichen Wallburg aus dem 9. oder 10. Jahrhundert und befindet sich auf dem Hügel »Hohe Warte«. Sie diente vermutlich als Grenzbefestigung. Weiter östlich, direkt oberhalb des Kurzentrums, liegen zwei wesentlich jüngere und relativ gut erhaltene Burgruinen, nämlich die Reste des »Alten Schlosses« aus dem 13. Jahrhundert und nordöstlich dahinter das Ruinenensemble der spätmittelalterlichen Burg »Hohenberneck« aus dem ausgehenden 15. Jahrhundert samt Marienkapelle. Wer noch nicht genug hat, wandert flussaufwärts durch das enge Ölschnitztal und kann drei weitere Burganlagen, die zwischen dem 11. und dem 14. Jahrhundert entstanden sind, bestaunen, von denen die Halbruine »Stein« mit ihrer pittoresken Burgkapelle am besten erhalten ist.

Adresse Via Imperii/Ölschnitztal, 95460 Bad Berneck | **Anfahrt** A 9, Ausfahrt Bad Berneck/Himmelkron, dann B 303 Richtung Wunsiedel/Marktredwitz bis Bad Berneck, im Ort nach links in die B 2 abbiegen und dem Verlauf bis ins Zentrum (Marktplatz) folgen, ab hier weiter zu Fuß auf dem markierten Burgenwanderweg | **Tipp** Die »Romantikbühne« aus dem Jahr 1906 hat einen ganz besonderen Charme und bietet immer wieder Kulturveranstaltungen unter freiem Himmel.

8 Der Dendrologische Garten

Gewidmet allen Bäumen dieser Welt

Was macht ein erfolgreicher Unternehmer und Naturliebhaber, der schon sehr viel bei Reisen um die Welt gesehen hat? Richtig – er macht eine lange Kur, gern mit mehreren Aufenthalten. Und dann? Genau – er wechselt seinen Wohnsitz und zieht auf Dauer in den Kurort. Und dann? Exakt – er hinterlässt als reicher Mäzen den Bürgern und Kurgästen einen kleinen Park, in dem Erinnerungsstücke seiner Reisen zu finden sind.

Genau dies ist in der zweiten Hälfte des 19. Jahrhunderts im aufstrebenden Kurort Berneck geschehen. Dort war der Fabrikant Wilhelm Rother aus Waldsassen quasi als Premium-Kurgast angesehen. Er genoss seine Aufenthalte so sehr, dass er 1861 auf Dauer nach Berneck zog und aktiv den Kurbetrieb unterstützte. Rother war ein reicher Mensch und ein die Natur liebender Globetrotter. Doch während andere von ihren Reisen billige Souvenirs mit nach Hause brachten, hatte er ganz konkrete Erinnerungen im Gepäck: Bäume.

Wilhelm Rother sammelte diese in allen Teilen der Welt, die er besuchte, und brachte sie in die Heimat. In seinem Lieblingskurort Berneck ließ er auf der Schutthalde des stillgelegten Bergwerks »Beständiges Glück«, in dem Jahrzehnte zuvor Alexander von Humboldt Forschungen betrieben hatte, einen Park anlegen. Dort pflanzte er seine gesammelten Bäume ein und schuf somit eine ganz seltene Form des botanischen Gartens, nämlich ein Arboretum beziehungsweise einen dendrologischen Garten.

Das Besondere am Rotherspark, wie der Garten seitdem genannt wird, ist nicht nur, dass dort Laub- und Nadelbäume aus aller Welt gedeihen, wie zum Beispiel Roteichen oder orientalische Fichten. Es ist vielmehr das hohe Alter der Bäume: Die meisten Exemplare sind über 100 Jahre alt. Auf Spazierwegen und einem Lehrpfad können Besucher in diesem einmaligen botanischen Kleinod entschleunigen und über die Baumvielfalt staunen – ganz im Sinne des Parkgründers Wilhelm Rother.

Adresse Maintalstraße 129, 95460 Bad Berneck | **Anfahrt** A 9, Ausfahrt Bad Berneck/Himmelkron, dann B 303 Richtung Wunsiedel/Marktredwitz bis Bad Berneck, im Ort nach Passieren der Sportanlagen links in die Maintalstraße abbiegen und dem Verlauf folgen | **Öffnungszeiten** ganzjährig zu besichtigen, Eintritt frei, Führungen von April–Okt. an jedem dritten Sonntagnachmittag gegen Gebühr | **Tipp** Die historische Bäderarchitektur des Kurparks von Bad Berneck hat Flair und lädt zum längeren Verweilen ein.

9_ Das Hammerherrenhaus

Wo waschechte Romantiker ihr Haupt betteten

Es hat einiges mitgemacht, das 1764 im Bayreuther Markgrafenstil erbaute Haus. Doch seit mehreren Jahren wird das aus Sandstein und Granit bestehende Gebäude in mühevoller Detailarbeit restauriert und vor allem von innenarchitektonischen Bausünden des 20. Jahrhunderts befreit. Dabei ist das denkmalgeschützte Herrenhaus von Fröbershammer sogar Teil einer legendären Reise.

Den beiden 20-jährigen Studenten Ludwig Tieck und Wilhelm Heinrich Wackenroder aus Berlin war wohl noch nicht bewusst, dass sie Epochales tun würden, als sie sich im Frühsommer des Jahres 1793 auf den Weg zu ihrer Rundreise machten, die sie von ihrer Universitätsstadt Erlangen aus durch die Fränkische Schweiz, den Frankenwald, das Vogtland und das Fichtelgebirge führen sollte. Diese zwölftägige Wanderung wurde später als »Pfingstreise« in der Literaturgeschichte berühmt, gilt sie doch heute gemeinhin als Startschuss für die literarische Epoche der Romantik in Deutschland. Im Gegensatz zur Klassik mit ihren hohen Idealen, die in der Antike zu suchen waren, verklärten die neuen Autoren der Romantik das Mittelalter sowie die Unberührtheit und Rätselhaftigkeit der Natur, insbesondere des Waldes, dessen Wildnis auf die Menschen geheimnisvoll wirkte und entschlüsselt werden wollte.

Am Samstag, dem 26. Mai 1793, dem neunten Tag ihrer Reise, bestiegen die beiden Romantikpioniere den Ochsenkopf und kamen an die Weißmainquelle. Wackenroder beschrieb später hierzu ganz emotional die berühmte Szene, wie er stolz den Versuch unternommen hatte, mit nur einer Hand einen ganzen Fluss aufzuhalten. Bevor sie nach Berneck weiterwanderten, dessen enge Täler und viele Burgruinen sie völlig aus dem Häuschen geraten lassen sollten, übernachteten Tieck und Wackenroder im prunkvollen Herrenhaus zu Fröbershammer. Wovon die zwei in dieser Nacht träumten, wird uns »ein ewig Rätsel« bleiben …

Adresse Fröbershammer 1, 95493 Bischofsgrün | **Anfahrt** A 9, Ausfahrt Bad Berneck/Himmelkron, dann B 303 Richtung Wunsiedel/Marktredwitz bis Bischofsgrün, bei Ausfahrt Weißenstadt/Bischofsgrün nach rechts in Richtung Bischofsgrün abbiegen und dem Straßenverlauf bis Fröbershammer folgen | **Öffnungszeiten** derzeit nur von außen zu besichtigen | **Tipp** Auf der Bischofsgrüner Hauptstraße wird jeden Rosenmontag das Schneemannfest mit Jakob gefeiert, dem mit etwa zwölf Metern Höhe größten Naturschneemann Deutschlands.

10 Der Fernsehturm

Oberfrankens höchstes Bauwerk

Der 1.024 Meter hohe Ochsenkopf ist nach dem Schneeberg der zweithöchste Gipfel des Fichtelgebirges. Der heutige Name des bis ins 16. Jahrhundert als »Vichtelberg« bezeichneten Bergmassivs ist wahrscheinlich auf zwei in Stein gemeißelte Bilder eines Ochsenschädels mit Hörnern und Ohren zurückzuführen, deren Herkunft und Alter jedoch unbekannt sind. Der Berg mit seinen Bodenschätzen und den Quellen von Steinach, Naab und Weißem Main zog schon viele berühmte Menschen in seinen Bann, darunter Goethe, Alexander von Humboldt und Jean Paul. Heute ist er der Hausberg der Region und touristisch sehr erschlossen. Zwei Seilbahnen führen von Norden und Süden auf den Gipfel, hinab geht es beispielsweise auf Nordbayerns längsten Skiabfahrten oder per Downhillbike oder im Alpine Coaster – für jede Jahreszeit und jeden Geschmack ist etwas dabei.

Seit über 60 Jahren wird der Gipfel gekrönt vom weithin sichtbaren Fernsehturm des Bayerischen Rundfunks. Der Sendemast aus Stahlbeton wurde in den Jahren 1957/58 für die Verbreitung von Radio und des ARD-Fernsehprogramms errichtet. Bei seiner Eröffnung lag die Turmhöhe bei 177 Metern, nach Sturmschäden wurde die Antennenhöhe auf 163 Meter gekürzt. 2008 erfolgte für die Umstellung auf digitales Radio und Fernsehen die Montage eines neuen Antennenaufsatzes, sodass die Gesamthöhe von Oberfrankens höchstem Bauwerk nun 190 Meter beträgt.

Die Lage des Fernsehturmes im Zonenrandgebiet zu DDR und ČSSR ermöglichte es, dass durch den Ochsenkopfsender viele Menschen in Thüringen und Sachsen Westfernsehen und Westradio empfangen konnten. Spezielle »Ochsenkopfantennen« wurden tausendfach montiert und in Richtung Fichtelgebirge ausgerichtet, was dem DDR-Regime ein gehöriger Dorn im Auge war und bis in die 1970er Jahre mit Strafaktionen verfolgt wurde. Sie konnten das stetige Einsickern von Informationen aus der BRD jedoch nicht aufhalten.

Adresse Ochsenkopf, 95493 Bischofsgrün | Anfahrt A 9, Ausfahrt Bad Berneck/Himmelkron, dann B 303 Richtung Wunsiedel/Marktredwitz bis Bischofsgrün, bei Ausfahrt Weißenstadt/Bischofsgrün in Richtung Bischofsgrün abbiegen und dem Straßenverlauf bis zur Talstation der Seilbahn Ochsenkopf-Nord in Fröbershammer folgen | Öffnungszeiten nur von außen zu besichtigen | Tipp Die 17 Meter hohe Aussichtsplattform des 1923 eröffneten Asenturms direkt neben dem Fernsehturm bietet einen hervorragenden Rundblick über das Fichtelgebirge. Der Eintritt ist frei.

11__Das Dach Frankens

In Franken ganz oben

Wenn so mancher Zeitgenosse das Fichtelgebirge als »Bayerisch Sibirien« bezeichnet, dann trifft das beim 1.051 Meter hohen Gipfel des Schneebergs durchaus zu. Der höchste Punkt Frankens ist mit einer Jahresmitteltemperatur von 3,7 Grad Celsius zugleich auch der kälteste Ort der Region. Restschneefelder auf der Nordostseite des höchsten Fichtelgebirgsgipfels sind auch im Mai keine Seltenheit.

Auf dem nur wenig höheren Bruder des Ochsenkopfes geht es wesentlich ruhiger zu: Es gibt keine Erschließung mit Seilbahnen, keine Skiabfahrtsschneisen, kein Gipfelrestaurant. Und das ist auch gut so, denn so fand hier streng geschütztes Auerwild einen Rückzugsraum. Und auch der Wolf tappte 2011 in eine Fotofalle. Ursache für die Artenvielfalt ist die jahrzehntelange Nutzung des Schneeberggipfels als militärisches Sperrgebiet. Zwischen 1950 und 1996 war das »Backöfele«, der 1926 erbaute hölzerne Aussichtsturm auf der höchsten Felsformation des Gipfelplateaus, für die Öffentlichkeit nicht zugänglich. Fotografieren war strengstens verboten. Stattdessen errichteten Spezialisten der US Army Antennenmasten auf dem strategisch sehr günstig liegenden Berg, um den Funkverkehr der Ostblockstaaten abzuhören. Später kam auch die Luftwaffe der Bundeswehr hinzu und ließ 1963 den markanten, 80 Meter hohen Abhörturm bauen. Die NVA der DDR kannte die Dienstpläne der Funkmannschaft auf dem Schneeberg übrigens sehr genau, so wurden auch schon mal persönliche Neujahrsgrüße in den Westen gefunkt. Nach dem Ende des Kalten Krieges verließen die Militärspione den Schneeberg. Der ehemalige Fernmeldeturm steht heute unter Denkmalschutz, das US-Gelände rund um das »Backöfele« wurde komplett renaturiert. Seit 1996 kann man den Franken wieder nach Herzenslust aufs Dach steigen. Der 2017 erneuerte Eichenholzturm bietet dazu einen grandiosen Rundblick über das gesamte Fichtelgebirge.

Adresse Schneeberg, 95493 Bischofsgrün | Anfahrt A 9, Ausfahrt Bad Berneck/Himmelkron, dann B 303 Richtung Wunsiedel/Marktredwitz bis Bischofsgrün, bei Ausfahrt Weißenstadt/Bischofsgrün in Richtung Weißenstadt abbiegen und dem Verlauf der Schneebergstraße folgen; Parkmöglichkeit an der Abzweigung der alten Militärstraße, ab hier auf verschiedenen Wanderwegen zu Fuß | Tipp Die beeindruckende Granitfelsengruppe am Nußhardt zwischen dem Seehaus und dem Schneeberggipfel ist einer der schönsten Aussichtspunkte im Fichtelgebirge.

12 Das Panoramadorf

Wohnen im Dachgeschoss des Fichtelgebirges

Wenn man von Bischofsgrün aus über die steile Verbindungsstraße in den kleinen Ort Wülfersreuth fährt, befindet man sich etwa 688 Meter über dem Meeresspiegel. Das Dorf mit seinen etwas mehr als 120 Einwohnern ist damit die höchstgelegene Siedlung im Fichtelgebirge und ganz Oberfrankens. Am östlichen Ortsrand geht es sogar auf 723 Meter hinauf. Wülfersreuth bietet bei schönem Wetter einen wunderbaren Panoramablick über die Gegend, vor allem nach Westen, wohin das Fichtelgebirge in Richtung Bruchschollenland steil abfällt. Von diesem »Westbalkon« aus kann man eine bis zu 50 Kilometer weite Fernsicht genießen und hinter den vielen neuen Windrädern am Horizont sogar einige Ausläufer des Thüringer Waldes erkennen. Gerade bei Sonnenuntergang bietet dieser Ausblick ein regelrecht romantisches Ambiente. Schaut man nach Norden, zeigt sich der 795 Meter hohe Döbraberg, die höchste Erhebung des Frankenwaldes. Im Südosten schließlich ist der zweithöchste Gipfel des Fichtelgebirges, der Ochsenkopf, mit seiner unverwechselbaren Turmanlage zum Greifen nah.

Seit nunmehr über 700 Jahren existiert Wülfersreuth. Eine erste urkundliche Erwähnung ist in einem Lehensvertrag von 1317 vorzufinden, vermutlich ist die Rodungsinsel eines gewissen Wulfelin aber schon einige Zeit älter. Das Dorf liegt am historischen Markgrafenweg. Diese in der Mitte des 18. Jahrhunderts angelegte Verbindungsstraße zwischen der Markgrafenresidenz in Bayreuth und dem Jagdschloss Kaiserhammer bei Thierstein brachte Wülfersreuth eine gewisse Bedeutung als Raststation ein. Die Überquerung des Hohen Fichtelgebirges war für die Pferdegespanne des Fürsten sehr beschwerlich und nicht ungefährlich. Wenn man heute mit dem Fahrrad nach Wülfersreuth hinaufkurbelt, kann man diese Strapazen noch erahnen. Es stellt sich die Frage, ob die Diener des Markgrafen bei ihrer Rast ebenfalls das Panorama genießen konnten.

Adresse Wülfersreuth, 95493 Bischofsgrün | Anfahrt A 9, Ausfahrt Bad Berneck/Himmelkron, dann B 303 Richtung Wunsiedel/Marktredwitz bis Bischofsgrün, bei Kreuzung Glasermühle nach links Richtung Gefrees und nach dem ersten Anstieg wieder links nach Wülfersreuth abbiegen, dann dem Straßenverlauf bis zum Wanderparkplatz im Ort folgen | Tipp Im Bischofsgrüner Forst östlich von Wülfersreuth befindet sich der archäologisch dokumentierte »Wolfsgarten«, eine weitläufige Anlage zur Wolfsbejagung aus historischer Zeit. Eine der Wolfsgruben wurde originalgetreu rekonstruiert.

13 Das Schloss

Wo der »Uranverein« ein Geheimlabor hatte

Es hat in seiner nun beinahe 800-jährigen Geschichte schon vieles durchstehen müssen, und es wird auch bestimmt noch einige Zeit dauern, bis das an sich sehr schmucke Schloss von Brand bei Marktredwitz sowohl von außen wie auch von innen wieder salonfähig sein wird. Das 1221 erstmals urkundlich erwähnte Anwesen wechselte mehrfach den Besitzer. 1690 fiel es bezeichnenderweise einer Brandkatastrophe zum Opfer. Dem sofortigen Wiederaufbau folgten mehrere Umbauten am gesamten Gebäudekomplex. Die wahrscheinlich auffälligste Veränderung geschah am Ende des 19. Jahrhunderts, als der damalige Hausherr, der kaiserliche Admiral Albert von Seckendorff, ganz im neoromantischen Stil der Zeit den fünfstöckigen Schlossturm errichten ließ. Nach dem Tod von Seckendorffs 1921 ging das Schloss im Jahr 1937 an das Land Bayern über.

In den Folgejahren wurde der Bau während der Zeit des Nationalsozialismus erst von Agrarfunktionären genutzt, bis 1943 ein neues, in der Öffentlichkeit eher unbekanntes Kapitel in der Schlossgeschichte aufgeschlagen wurde: Wegen der zunehmenden Bombenangriffe auf deutsche Großstädte, insbesondere Berlin, entschied man sich, die führenden deutschen Chemiker, Physiker und Atomwissenschaftler mit ihren Forschungseinheiten in den Süden Deutschlands auszulagern. Ein Teil von ihnen, die Arbeitsgemeinschaft Kernphysik, die auch »Uranverein« genannt wurde, nahm ab dem Spätherbst 1943 in Schloss Brand seine Arbeit auf. Zu den Wissenschaftlern, die sich hier im Geheimen auch über die Möglichkeiten der militärtechnologischen Nutzung von Kernenergie Gedanken machen sollten, gehörte unter anderem der Chemiker Otto Hahn, der mehrfach in Schloss Brand zugegen war.

Was genau hinter den dicken Mauern erforscht und getestet wurde, blieb der Öffentlichkeit bis heute verborgen. Nach dem Schlossgast und Nobelpreisträger Otto Hahn wurde 1969 das Marktredwitzer Gymnasium benannt.

Adresse Schloßstraße, 95615 Brand bei Marktredwitz | **Anfahrt** A 93, Ausfahrt Marktredwitz-Süd, dann auf der Kreisstraße WUN 18 Richtung Wölsau beziehungsweise Brand bei Marktredwitz fahren, auf der Höhe Brand nach rechts in die Schloßstraße einbiegen und ihr zum Schloss folgen | **Öffnungszeiten** derzeit nur von außen zu besichtigen | **Tipp** Die Kirche Sankt Margarethen als ehemalige Schlosskapelle ist mit ihrem Kanzelaltar sehenswert, der zu den schönsten in Süddeutschland zählt.

14 Das Max-Reger-Geburtshaus

Von jemandem, der alle REGistER zog

Im Jahr 2016 gedachten Musikkenner aus aller Welt dem 100. Todestag von Max Reger, einem Künstler, der einst vom Komponisten Paul Hindemith ehrfurchtsvoll als »letzter großer Riese der Musik« bezeichnet und der zu Lebzeiten als »neuer Bach« gefeiert wurde. Reger, in der Tat bereits körperlich eine wuchtige und eher angsteinflößende Erscheinung, war in jeder Hinsicht ein Mann der Extreme.

Geboren wurde der spätere Orgeltitan als Johann Baptist Joseph Maximilian Reger 1873 in Brand in der Oberpfalz. Der Sohn des Dorfschullehrers zog bereits ein Jahr später mit seinen Eltern nach Weiden. Das Geburtshaus unterhalb der Dorfkirche ist bestens erhalten und wurde nach strengen denkmalpflegerischen Kriterien saniert. Das Fenster ganz links im Erdgeschoss soll zum Geburtszimmer gehören. Vom europäischen Publikum sehr kontrovers diskutiert, schaffte es der reisewütige Workaholic auf dem Höhepunkt seiner Karriere bis zum Universitätsmusikdirektor in Leipzig und zum Hofkapellmeister im thüringischen Meiningen. Er starb 1916 in Leipzig unerwartet mit nur 43 Jahren nach einem kurzen, dafür aber umso exzessiveren Dasein. Der manisch komponierende Künstler schwankte in seinem Leben zwischen Genie und Wahnsinn. Tabak und Alkohol gehörten zu seinen täglichen Begleitern, um das bis zu 20 Stunden dauernde Tagespensum bewältigen zu können. So hinterließ Max Reger nach gerade einmal 25 Arbeitsjahren der Musikwelt ein Œuvre von über 1.000 Kompositionen, die zwischen Romantik und Moderne einzuordnen sind. Berühmt sind vor allem seine ausgefeilten Orgelwerke, die sowohl dem Musiker als auch den Zuhörern alles abfordern.

Das Rathaus in Brand liegt dem Geburtshaus von Max Reger gegenüber. Dort wurde dem berühmtesten Komponisten des Fichtelgebirges ein Gedächtniszimmer eingerichtet, in dem unter anderem die Totenmaske des Extremkünstlers aufbewahrt wird.

Adresse Max-Reger-Straße 16, 95682 Brand in der Oberpfalz | **Anfahrt** A 93, Ausfahrt Marktredwitz-Nord, dann B 303 Richtung Bad Berneck, an der Abzweigung Silberhaus nach links und auf der Kreisstraße WUN 10 durch die Orte Reissingerhöhe und Lochbühl fahren, an der Kreuzung Kemnather Straße nach rechts Richtung Brand abbiegen und dem Verlauf bis zum Rathaus folgen | **Öffnungszeiten** nur von außen zu besichtigen | **Tipp** Der sehr originell designte Brunnen im Max-Reger-Park neben dem Rathaus liegt dem Geburtshaus des Komponisten ebenfalls direkt gegenüber.

15 Die Premium-Brennerei

Wo seit über 200 Jahren edle Tropfen entstehen

»So alt wie der Steinwald.« Das sagt man in dieser Gegend seit jeher, wenn positiv über Reife oder traditionelle Werte gesprochen wird. Alt und traditionsbehaftet ist auch die Alte Propstei von Erbendorf. Als ehemaliges Hospital der Benediktiner geht ihre Geschichte bis ins 12. Jahrhundert zurück. Später war der alte Pfarrhof von Erbendorf dort beheimatet. Das heute bestehende Gebäude stammt aus dem 17. Jahrhundert.

Zu so viel Historie, die der Ort und die alten Mauern eingesogen haben, kommt eine weitere Erfolgsgeschichte hinzu. 1977 kaufte die Hausbrennerei Schraml die alte Propstei, bezog sie ein Jahr später und konnte damit die Betriebskapazität enorm erweitern. Das alteingesessene Familienunternehmen besitzt seit 1818 das Brennrecht für die Herstellung von Obst- und Kornbränden. Diese nun über 200 Jahre währende Destilliertradition brachte schon allerlei Feines aus Obst und Getreide hervor, so ist der »Stonewood 1818«, dessen Originalrezeptur über 100 Jahre alt ist, der historisch älteste Whisky Deutschlands.

Der auf rund 300 Flaschen pro Jahrgang limitierte »Bavarian Single Grain« muss zehn Jahre lang in Limousin-Eichenfässern reifen und gehört zu den besten der Welt. Er steckt damit so manchen schottischen Edelkonkurrenten in die Tasche und wurde 2008 bei den World Spirit Awards mit einer Goldmedaille prämiert. Der findige Brennereichef Gregor Schraml sammelt Preise über Preise, neben höchstprämierten Obstbränden erhielt auch der »Kaiser Hill 16«, ein »Bavarian Dry Gin«, benannt nach dem Schraml'schen Stammhaus am Erbendorfer Kaiserberg, 2012 eine Goldmedaille. Auch interessante neue Wege werden beschritten. So erfand Schraml den original »Zoiglbrand«, ein Destillat aus untergärigem, naturtrübem Zoiglbier, welches traditionell in Kommunbrauhäusern der nördlichen Oberpfalz hergestellt wird. Auf weitere geistreiche Ideen aus dem Steinwald! Zum Wohlsein!

Adresse Pfarrgasse 22, 92681 Erbendorf, www.brennerei-schraml.de | **Anfahrt** A 93, Ausfahrt Falkenberg, dann B 299 bis nach Erbendorf, im Ort auf der Staatsstraße 2181 bis zum Marktplatz, dort nach rechts in die Pfarrgasse einbiegen | **Öffnungszeiten** Mo–Fr 9–12.30 Uhr, 14.30–18 Uhr, Sa 9–12 Uhr, Brennereiführung nach Absprache (Tel. 09682/183690) | **Tipp** Süße Gaumenfreuden, darunter edle handgefertigte Pralinen in 50 verschiedenen Sorten, gibt es in der Traditions-Konditorei Kohr am Erbendorfer Kaiserberg.

16 Das Drehlokal

Wo man sich nicht den Hals verrenken muss

Das Bergdorf Pfaben liegt auf durchschnittlich 700 Metern Meereshöhe und ist einer der bedeutendsten Ausgangspunkte für Freizeitaktivitäten im Naturpark Steinwald. Für die Besucher ist zu jeder Jahreszeit ein reichhaltiges Angebot vorhanden.

Kletterer zum Beispiel wissen die zum Teil sehr bizarren Felsformationen, die dem Steinwald seinen Namen geben, zu schätzen. Über 100 ausgewiesene und anspruchsvolle Routen bis zum Schwierigkeitsgrad 9- gelten in der Kletterszene als Geheimtipp, denn hier ist es nicht so überlaufen wie in der benachbarten Fränkischen Schweiz.

Wer von seinen Wander-, Kletter- oder Mountainbiketouren nach Pfaben zurückkommt, hat noch die Möglichkeit, ein Erlebnis der rotierenden Art mitzunehmen. Das »Steinwaldhaus« ist seit 1959 ein überregional bekannter Traditionsbetrieb mit Gaststätte, Hotel und Ferienappartements. Seine hervorragende Lage machte es zu einem beliebten Treff für Besucher aus nah und fern. 1987 hatte der damalige Chef des Hauses die Idee, als besonderes Schmankerl für seine Gäste ein Drehrestaurant einzurichten. Nach nur vier Monaten Bauzeit konnte es in Betrieb gehen. Derartige technische Wunderwerke findet man fast ausschließlich in Großstädten auf hohen Aussichtsplattformen wie im Berliner Fernsehturm oder im Olympiaturm in München. Doch wer Höhenangst hat oder Aufzüge nicht mag, braucht in Pfaben auf das Erlebnis »Drehrestaurant« nicht zu verzichten. In nur fünf Metern Höhe über dem Boden kann man ohne Schweißperlen und ohne schmerzende Nackenmuskulatur ganz gemütlich beim Mittagessen oder zu Kaffee und Kuchen die herrliche Mittelgebirgslandschaft des Steinwalds genießen und langsam an sich vorbeiziehen lassen. Das Pfabener Drehlokal ist einer von nur sieben aktuell geöffneten Betrieben dieser Art in Deutschland und zusammen mit seinem älteren und höheren Pendant in München der einzige in Bayern.

Adresse Pfaben 18, 92681 Erbendorf, www.steinwaldhaus.de | Anfahrt A 93, Ausfahrt Falkenberg, dann B 299 bis nach Erbendorf, den Ort auf der Staatsstraße 2181 durchqueren und Richtung Grötschenreuth weiterfahren, nach etwa einem Kilometer nach rechts in Richtung Pfaben abbiegen und bis zum Steinwaldhaus fahren | Öffnungszeiten Restaurant: täglich 7–22.30 Uhr | Tipp Das Heimat- und Bergbaumuseum in Erbendorf mit äußerst interessanten Themenbereichen rund um die Geschichte der Stadt ist einen Besuch wert.

17_Das Automuseum

Wo man auf automobile Leidenschaft trifft

Es ist nach wie vor der Deutschen liebstes Kind – das Auto. Je leistungsfähiger und ausgefallener der fahrbare Untersatz ist, desto eher beschleunigt er den Puls, lässt (zumeist Männer-)Herzen höherschlagen. Viele Automobilmuseen zeigen genau das: die absoluten Exoten, Unikate, unantastbare Träume aus Stahl, Chrom und Leder.

Das Konzept des 1992 eröffneten privaten Automobil- und Motorradmuseums der Unternehmerfamilie Eckert aus Fichtelberg ist etwas anders. Dort gibt es zwar auch extreme Raritäten wie etwa den italienischen Edelflitzer ISO Grifo 7L sowie diverse Prototypen aus der Vier- und Zweiradwelt zu bestaunen. Doch stehen sie alle in mittlerweile drei Hallen auf dem Gelände einer ehemaligen Textil- und Lederwarenfabrik quasi Stoßstange an Stoßstange mit ganz »normalen« Oldtimerkollegen aus der Zeit von 1896 bis heute. Hier findet man top restaurierte Alltagsfahrzeuge, die einst überall auf den Straßen zu sehen waren, von der BMW Isetta und dem VW Käfer über den Ford Escort und den Opel Kadett bis hin zum Ur-GTI oder der Mercedes-S-Klasse-Limousine, nur um einige wenige zu nennen. Auch der legendäre DDR-Trabi fehlt nicht in der Sammlung, die ständig ergänzt und modifiziert wird, etwa durch Sonderausstellungen. Und: Fast alle der 500 Ausstellungsstücke sind fahrbereit. So manches Exponat nahm einen langen Weg auf sich, nahm als hoffnungsloser Scheunenfund oder als verrostetes Einzelteilgemenge seinen Anfang und wurde dann mit großem handwerklichen Geschick in liebevoller Detailarbeit originalgetreu wieder auf die Achsen gestellt.

Kurios muten die im überdachten Freigelände ausgestellten Flugzeuge an. Wer würde mitten im Fichtelgebirge Kampfjets sowjetischer Bauart oder russische Transporthubschrauber vermuten? Die Sammelleidenschaft der Familie Eckert kennt jedenfalls keine Grenzen, und man wird auch in Zukunft noch ordentlich Gas geben.

Adresse Nagler Weg 9–10, 95686 Fichtelberg, www.amf-museum.de | **Anfahrt** A 93, Ausfahrt Marktredwitz-Nord, dann B 303 Richtung Bad Berneck, an der Abzweigung Fichtelberg nach links und auf der Staatsstraße 2981 bis nach Fichtelberg fahren, dort der Beschilderung zum Automobilmuseum folgen | **Öffnungszeiten** täglich 10–17 Uhr (außerhalb der Schulferien montags geschlossen) | **Tipp** Das Restaurant-Café »Museo« direkt neben dem Automobilmuseum besticht durch sein originelles Ambiente.

18 Die Eulenstube

Ein Raum, der nicht nur einen Vogel hat

Alles begann auf einem Berliner Flohmarkt, wo Jutta Hecht-Heusinger, Hotelinhaberin aus Fichtelberg, eine wunderschöne Batik-Eule kaufte. Sie war die Initialzündung für eine Sammelleidenschaft der gefiederten Art. Nach und nach kamen Eulen aus der ganzen Welt hinzu, in allen Größen und aus den unterschiedlichsten Materialien: Steineulen, Holzeulen, Porzellaneulen, Metalleulen, Glaseulen, Eulenuhren, Eulentrinkpokale … Aber wohin mit mittlerweile über 1.400 Exemplaren des weisen Federviehs?

Seit mehr als 25 Jahren existiert im Fichtelberger Wildkräuterhotel Schönblick die schon legendär gewordene Eulenstube. Diese apsisartige und 40 Quadratmeter große Erweiterung des Hotelrestaurants avancierte als erstes Refugium der Heusinger'schen Eulen zu einem regelrechten Hingucker. Die Hotelgäste fühlten sich beim Dinieren in diesem Schmuckkästchen pudelwohl und keineswegs unter ständiger Beobachtung der Raumdekoration. Nur musste sich Familie Heusinger etwas einfallen lassen, um der wachsenden Vogelschar Herr zu werden. Viele Stammgäste brachten nämlich neue Eulen mit, die dann ebenfalls in der Eulenstube einen Ehrenplatz bekommen sollten.

Doch irgendwann waren es einfach zu viele. Ein Großteil der wunderschönen und teils exotischen Exemplare ziert mittlerweile in deckenhohen Regalen den Eingangsbereich des Schönblick-Hotels, weitere befinden sich im Hotel verteilt oder sind in den Gartenanlagen kunstvoll in Szene gesetzt. In der Eulenstube selbst wacht noch eine stattliche, aber überschaubare Zahl der niedlichen Miniaturen über die Gäste, die sich in diesem einzigartigen Ambiente den ausgezeichneten Menüs aus der heimischen Wildkräuterküche hingeben können. Hier im »Schönblick« wird das »essbare Fichtelgebirge« meisterhaft zelebriert und in äußerst kreativen Gerichten serviert. Neue gefiederte Gäste, die bleiben wollen, sind ebenfalls herzlich willkommen!

Adresse Gustav-Leutelt-Straße 18, 95686 Fichtelberg, www.hotel-schoenblick.de | **Anfahrt** A 93, Ausfahrt Marktredwitz-Nord, dann B 303 Richtung Bad Berneck, an der Abzweigung Fichtelberg nach links und auf der Staatsstraße 2981 bis nach Fichtelberg fahren, am westlichen Ortsausgang rechts der Beschilderung zum Hotel Schönblick folgen | **Öffnungszeiten** Restaurant: Mo – Fr 17 – 21 Uhr, Mi Ruhetag, Sa, So und Feiertage 12 – 21 Uhr | **Tipp** Der Fichtelsee im Ortsteil Neubau ist äußerst reizvoll und einen Besuch wert.

19 Der Killerweitweg

Der wohl merkwürdigste Straßenname der Region

Wenn Auswärtige an diesem Straßenschild im Kurort Fichtelberg vorbeikommen, bleiben sie immer wieder irritiert stehen. Der aufgedruckte Straßenname verunsichert erheblich: »Killerweitweg«. Es ist nur eine kurze, unscheinbare und kaum 250 Meter lange Straße, die etwa auf halber Strecke scharf nach rechts abknickt. Kaum mehr als 15 Hausnummern tragen den seltsamen Killerweitweg in ihrer Adresse. Aber was hat dieser Name zu bedeuten? Hat ein Mörder einen weiten Weg noch vor oder bereits hinter sich? Oder anders gefragt: Gibt es eine Garantie, dass hier niemals böse Mordbuben ihr schmutziges Handwerk verrichten werden? Steht deshalb die kleine evangelische Christuskirche genau am Beginn der Straße, quasi als Schutz? Oder weist der Straßenname gar auf das schwäbische Dorf »Killer« in Baden-Württemberg hin, das von Fichtelberg nun wirklich weit entfernt liegt? Was soll das Ganze?

Um Licht ins Dunkel zu bringen, sollte mit kalauerartigen Wortspielen aufgehört werden. Der Straßenname hat weder etwas mit »Killer«, dem englischen Wort für »Auftragsmörder«, noch mit einem schwäbischen Dorf zu tun. Und »weit« im Sinne von »entfernt« ist in diesem Zusammenhang auch nichts. Es ist vielmehr eine dialektale Angelegenheit. »Killer« steht mundartlich für »Köhler«. Mit »weit« ist »Wiese« beziehungsweise »Weide« gemeint. Das skurril anmutende »Killerweitweg« bedeutet also übersetzt: »Köhlerweideweg«. Der Straßenname ist eine Reminiszenz an das hier im Fichtelgebirge über Jahrhunderte ausgeübte Köhlerhandwerk. Diese schwere und selten gewordene Handwerkskunst war für viele Menschen in der Region als Broterwerb notwendig, um durch die strengen Winter zu kommen. Dabei wurde der natürliche Mischwald zur Holzkohlegewinnung flächenhaft so stark gerodet, dass sich das Gesicht des Fichtelgebirges nachhaltig veränderte. Somit wäre der »Killer« dann doch wieder im Spiel …

Adresse Killerweitweg, 95686 Fichtelberg | Anfahrt A 93, Ausfahrt Marktredwitz-Nord, dann B 303 Richtung Bad Berneck, an der Abzweigung Fichtelberg nach links und auf der Staatsstraße 2981 bis nach Fichtelberg fahren, kurz vor dem Ortsausgang in Richtung Warmensteinach auf Höhe des Fabrikverkaufs »Monte Pelle« nach rechts in den Killerweitweg einbiegen | Tipp Das Dorfmuseum »Mühlgütl« im Ortsteil Neubau gibt einen Einblick in das frühere harte und entbehrungsreiche Leben der einfachen Menschen im Fichtelgebirge.

20 Das Silbereisenbergwerk

Das weltweit einzige seiner Art

Seit jeher ist das Fichtelgebirge untrennbar mit dem Bergbau über und unter Tage verknüpft. In zahlreichen Sagen wird immer wieder von seltsamen Venedigermännlein berichtet, welche hier bereits im Mittelalter in den rauen und unzugänglichen Wäldern nach edlen Metallen und Steinen gesucht haben sollen.

Fest steht, dass im Zentralstock rund um den Ochsenkopf, der seinerzeit »Viechtelberg« genannt wurde, seit dem späten 15. Jahrhundert der Abbau von Eisenerz verzeichnet ist, hinzu kommen mehrere Schürfanlagen für Zinn und Gold in der Umgebung. Ab 1478 wurde im Tagebau gearbeitet. Um das Jahr 1602 kam es zur Gründung der heute aus mehreren Stockwerken (Sohlen) bestehenden Grube »Gottesgab im Gleissenfels am Viechtelberg«. Unter Tage wurde hier Hämatit beziehungsweise Eisenglimmer, der auch als »Silbereisen« bezeichnet wird, abgebaut. Dessen Weiterverarbeitung erfolgte in mehreren Hochöfen rund um die Grube und in Hammerwerken entlang von Steinach und Fichtelnaab. Trotz des allgemeinen wirtschaftlichen Niedergangs nach dem Dreißigjährigen Krieg konnte die Grube Gottesgab weiterarbeiten und der Region eine gewisse Stabilität sichern.

Mehrere Abbauperioden folgten bis in die 30er Jahre des 20. Jahrhunderts. In den 1970er Jahren kam es zu mehreren Forschungsbegehungen sowie zur Sicherung der oberen Sohle und der mehr als 30 Meter tiefen Schachtanlage, deren untere Bereiche mit Grundwasser gefüllt sind. Seit 1979 können im Besucherbergwerk »Gleißinger Fels«, ausgerüstet mit Helm und Grubenlampe, neben den mittelalterlichen Stollen bis zu 20 Millionen Jahre alte Sinterbildungen bestaunt werden, die an prähistorische Felszeichnungen erinnern. Sonderführungen geben Einblicke in unzugängliche Areale der Grube. Der Gleißinger Fels stellt das einzige befahrbare Silbereisenbergwerk weltweit und mit über 500 Jahren Bergbaugeschichte das älteste Bergwerk Nordbayerns dar. Glück auf!

Adresse Panoramastraße, 95686 Fichtelberg, www.bergwerk-fichtelberg.de | Anfahrt A 93, Ausfahrt Marktredwitz-Nord, dann B 303 Richtung Bad Berneck, an der Abzweigung Fichtelberg nach links und auf der Staatsstraße 2981 bis nach Fichtelberg fahren, im Ort der Beschilderung zum Besucherbergwerk folgen | Öffnungszeiten Führungen täglich 11–16 Uhr jeweils zur vollen Stunde | Tipp Die barocke katholische Bergamtskirche in Fichtelberg von 1711 sowie die 1680 errichtete Mariensäule unterhalb der Kirche sind weitere sehenswerte Zeugnisse der Bergbauhistorie Fichtelbergs.

21 Die Rennstrecke

Ich will Spaß, ich geb Gas …

Wenn der Berg ruft, dann durchbricht lautes Motorengeräusch die Stille in den Wäldern des beschaulichen Steinwalds. Statt Vogelgezwitscher und Bienensummen sind dann aufheulende Motoren, Reifenquietschen und schnelle Gangwechsel kilometerweit zu hören, Benzingeruch liegt in der Luft. 2012 wurde der legendäre Friedenfelser Berg, die mit Abstand beliebteste Autorennstrecke der Region, erfolgreich wiederbelebt. Alle drei Jahre trifft sich dann an einem Sommerwochenende die Oldtimer-Motorsportszene zum Friedenfelser ADAC Berg-Classic. Tausende Fans und Automobilnostalgiker säumen die 3,2 Kilometer lange und kurvenreiche Rennstrecke, die mit durchschnittlich 5,5 Prozent Steigung von Poppenreuth mitten durch den Steinwald über 135 Höhenmeter hinauf nach Friedenfels führt. Bereits am Tag vor dem Rennen kann man im Fahrerlager über 100 Kultklassiker bestaunen: Audi Quattro, BMW 2002 ti, Ford Capri Turbo, NSU Prinz, Porsche 911, Renault Alpine und viele andere Legenden aus Blech und Stahl stehen einträchtig beieinander, bis sie sich dann in diversen Rennklassen der Bergprüfung stellen.

Motorsport hat in Nordbayern eine lange Tradition. Vor allem Bergrennen waren in Zeiten, als steigende Spritpreise und Umweltschutz noch eine untergeordnete Rolle spielten, sehr beliebte Treffen der bleifußverrückten Zunft mit Benzin im Blut. Das erste Friedenfelser Bergrennen fand 1966 statt und avancierte schnell zum Event mit Kultfaktor. Bis zu 10.000 Zuschauer strömten damals in den Steinwald. 1979 schließlich bremsten dann immer schärfere Umweltauflagen die Motorgaudi vorläufig aus. Die Staatsstraße am Friedenfelser Berg geriet auch immer wieder wegen schwerer Unfälle von Möchtegernrennfahrern in die Schlagzeilen. Doch nach über drei Jahrzehnten wagten Enthusiasten der Motorsportclubs aus Friedenfels, Waldershof und Wiesau gemeinsam den Neuanfang des Bergkultes. Wromm!

Adresse Teilstück der Staatsstraße 2121 zwischen Poppenreuth und Friedenfels, 95688 Friedenfels | **Anfahrt** A 93, Ausfahrt Wiesau, dann über die Staatsstraßen 2169 und 2170 über Wiesau und Fuchsmühl in Richtung Waldershof fahren, links nach Poppenreuth abbiegen, in der Ortsmitte erneut links auf die Staatsstraße 2121 Richtung Friedenfels abbiegen und dem Verlauf folgen | **Tipp** Wer es etwas gemächlicher mag, für den ist der über 660 Kilometer lange Goldsteig zu empfehlen, Deutschlands längster Qualitätswanderweg, der von Marktredwitz bis nach Passau führt.

22 Der Holzschlachtstein

Wo ernsthaft bis aufs Blut geholzt wurde

Das Recht ist jahrhundertealt und war früher für die Bauern existenziell: Sie durften im Wald ihres Grundherrn Holz für den Eigenbedarf schlagen. Dieses Recht, welches über Generationen weitervererbt wurde, sollte im späten 19. Jahrhundert durch den bayerischen Staat für ungültig erklärt und durch ein neues Forstgesetz ersetzt werden. Der Beschluss wurde über die Köpfe der Betroffenen hinweg gefasst.

Die Fuchsmühler Bauern wollten dies so nicht hinnehmen und stemmten sich vehement gegen die neue Regelung. Über Jahre fand ein juristisches Tauziehen mit ihrem Grundherrn, dem Freiherrn von Zoller, statt. Nachdem die Bauern in erster Instanz die Bestätigung ihrer Rechte erhalten hatten, gab ein anderes Gericht dem Willen des Freiherrn statt, und dieser verbot 1892 die Holzentnahme in seinen Wäldern. Die Kosten dieses langen Verfahrens wurden für viele Holzrechtler zum finanziellen Fiasko. Auf der anderen Seite verkaufte von Zoller äußerst gewinnbringend das Holz, das eigentlich den Bauern zustand.

Diese Adelswillkür führte am 29. Oktober 1894 zu einem Generalmarsch von etwa 180 Fuchsmühler Männern und Frauen in den Schrammloher Wald, um sich dort ihr Holzeigentum zu holen. Nachdem aber weder Behörden noch Polizei die Bauern aufhalten konnten, wurde einen Tag später militärisch durchgegriffen. 50 Infanteristen gingen schwer bewaffnet gegen die Aufständischen in Stellung und schlugen die Rebellion nieder. Zwei ältere Bauern wurden von Bajonetten tödlich getroffen, mehrere Menschen zum Teil schwer verletzt. Über 140 Personen wurden wegen Holzfrevels und Landfriedensbruchs verurteilt. Dies führte jedoch landesweit zu einem Aufschrei in der Öffentlichkeit. Nach enormen Tumulten im Bayerischen Landtag musste die Politik dem Druck nachgeben. Die Bauern wurden amnestiert und bekamen endgültig recht. Ihr blutig erkämpftes Gesetz hat bis heute Gültigkeit.

Adresse Herzogöd-Schrammlohe, 95689 Fuchsmühl | Anfahrt A 93, Ausfahrt Wiesau, dann auf den Staatsstraßen 2169 und 2170 über Wiesau nach Fuchsmühl und den Ort durchqueren, weiter Richtung Waldershof fahren, am Ende des Waldstücks kurz vor Herzogöd links abbiegen, von hier zu Fuß zum Holzschlachtdenkmal | Tipp Die barocke Fuchsmühler Wallfahrtskirche Maria Hilf von 1726 ist einen Besuch wert.

23 Das Schlachtfeld

Wo Österreicher gegen Napoleons Truppen gewannen

Unruhige Zeiten machten auch vor dem Fichtelgebirge nicht halt. Beispielsweise kam es während der Hussitenkriege im 15. Jahrhundert sowie im Dreißigjährigen Krieg immer wieder zu teilweise heftigen Plünderungen und Verwüstungen ganzer Dörfer. Auch zu Anfang des 19. Jahrhunderts während der sogenannten »Koalitionskriege« zwischen dem Kaiserreich Frankreich mit seinen napoleontreuen Vasallen einerseits und deren Gegnern andererseits verlief eine Frontlinie kurzzeitig durch das Fichtelgebirge: 1809 kam es zum Fünften Koalitionskrieg zwischen Österreich und Frankreich. Österreichische Truppen marschierten ins napoleontreue Bayern ein, wurden aber in mehreren heftigen Gefechten zum Rückzug gezwungen.

Nicht so bei Gefrees im Fichtelgebirge: Hier fand am 8. Juli 1809 eine heftige militärische Auseinandersetzung zwischen etwa 6.000 österreichischen Soldaten und 7.500 Mann auf französischer Seite statt. Trotz zahlenmäßiger Überlegenheit verlor das napoleonische Heer und musste sich an dieser Stelle zurückziehen. Der österreichische Schaden belief sich auf etwa 400 Tote oder Verwundete, bei den Franzosen war die Verlustrate fünfmal so hoch. Der Sieg in der Schlacht bei Gefrees war jedoch nur ein Pyrrhussieg, er nutzte den habsburgischen Truppen nichts mehr, da die Hauptschlacht bei Wien kurz vorher verloren worden war. Schließlich hatte der Krieg bereits zwei Tage zuvor, am 6. Juli, mit der österreichischen Niederlage bei Wagram in der Nähe von Wien geendet, nach der die Habsburger Monarchie empfindliche Gebietsverluste hinnehmen musste.

Das Gefreeser Schlachtfeld befand sich nördlich von Lützenreuth auf dem sogenannten Kesselberg. Nichts erinnert an dieses Gefecht, niemand gedenkt der vielen Toten und Verwundeten. Heute befinden sich an diesem Ort große, weithin sichtbare Windräder. Also doch ein Mahnmal? Don Quijote lässt grüßen.

Adresse Kesselberg, 95482 Gefrees-Lützenreuth | Anfahrt A 9, Ausfahrt Gefrees, dann auf der Staatsstraße 2180 Richtung Gefrees, an der Kreuzung mit der B 2 nach rechts Richtung Bad Berneck abbiegen und bis nach Lützenreuth fahren, ab hier zu Fuß über einen alten Hohlweg auf den Kesselberg (an den Windrädern orientieren) | Tipp Der Gasthof Entenmühle im Ölschnitztal ist ausgezeichnet und besticht durch seine frischen Forellengerichte.

24 Das Goldrevier

Wo sich Deutschlands Eldorado befindet

Es hat diese unverwechselbare Farbe, diesen einzigartigen Glanz und seit Jahrtausenden eine legendäre Anziehungskraft auf die meisten Menschen. Es ist das faszinierendste Metall der Welt, das Symbol für Reichtum und Macht. Es treibt uns, oft sehnsuchtsvoll und teilweise sogar in den Wahnsinn: Aurum – Gold.

Eine der größten Lagerstätten und eines der ältesten Abbaugebiete dieses Edelmetalls in Deutschland liegt in Goldkronach am südwestlichen Rand des Fichtelgebirges. Bereits für das Jahr 1363 ist für das Gebiet am Kronachfluss eine Betriebsgenehmigung für ein Bergwerk verbrieft. Zwei Jahre später wurden vom Nürnberger Burggrafen die Stadtrechte sowie die »Bergfreiheit« verliehen. Von nun an begann die kurze Blütezeit des Ortes, und ein regelrechter Goldrausch setzte ein. Pro Woche konnten unter höchster körperlicher Anstrengung in bis zu 120 Meter tiefen Gruben etwa vier Kilogramm Gold gewonnen werden. Um das Jahr 1400 war das Goldkronacher Bergbaurevier das größte Abbaugebiet für Gold und Silber im deutschsprachigen Raum. Doch bereits im folgenden Jahrhundert begann der allmähliche Niedergang der Goldgräberstadt. Das Erschließen neuer Vorkommen erforderte einen immer höheren technischen Aufwand, da die Gruben immer tiefer werden mussten. Der Dreißigjährige Krieg brachte schließlich das vorläufige Aus. Erst im 18. Jahrhundert leitete Alexander von Humboldt eine – wenn auch nur kurze – Wende im Goldbergbau ein. In den Jahren 1792 bis 1796 modernisierte er die Bergbaureviere im Fichtelgebirge und Frankenwald entschlossen mit enormem Engagement und Erfindergeist zum Wohle der Kumpel unter Tage. In Goldkronach fühlte er sich »glücklicher, als [er] je wagen durfte zu glauben«. Seit dieser Zeit ist der Name Humboldt aus der Stadt nicht mehr wegzudenken. Der große Gelehrte wohnte für einige Zeit in dem 1740 erbauten Gebäude, welches heute das sehenswerte Goldbergbaumuseum beherbergt.

Adresse Bayreuther Straße 21, 95497 Goldkronach, www.goldbergbaumuseum.de | Anfahrt A 9, Ausfahrt Bad Berneck/Himmelkron, dann B 303 durch Bad Berneck, nach dem Ortsausgang an der Abzweigung Goldmühl nach rechts in Richtung Goldkronach abbiegen und auf der Bernecker Straße bis Goldkronach fahren, im Ort der Bayreuther Straße bis zum Goldbergbaumuseum folgen | Öffnungszeiten April–Nov. So und Feiertage 13–17 Uhr oder nach Voranmeldung (Tel. 09273/9840) | Tipp Die 15 angelegten »Goldkronacher Geopunkte« bieten einen sehr guten Einblick in die außergewöhnliche Erdgeschichte der Stadt und ihrer Umgebung.

25 Die Baille-Maille-Allee

Fürstlicher Freizeitsport im 17. Jahrhundert

Womit verbrachten absolutistische Fürsten ihre Freizeit? Mit allem, was man sich vorstellen kann oder auch nicht, der Phantasie schienen dabei keine Grenzen gesetzt: Die einen vergnügten sich beim Schlösserbau, andere bei der Parforce-Jagdgesellschaft oder beim Versteckspiel im eigens angelegten Gartenlabyrinth. Der Bayreuther Markgraf Georg Wilhelm ließ sogar Seeschlachten auf einem großen, künstlich angelegten Teich inszenieren. Sein Vater Markgraf Christian Ernst mochte es hingegen sportlich. Er favorisierte eine in Adelskreisen beliebte Trendsportart, das Baille-Maille-Spiel. Es handelt sich dabei um einen Vorläufer des Krockets. Mit einem Holzschläger wurde ein ebenso hölzerner Ball über eine lange, gerade Bahn gespielt, an deren Ende ein Metallreifen befestigt war, durch den der Ball hindurchmusste. Das Ziel war es, den Ball mit möglichst wenigen Schlägen durch den Reifen zu schlagen.

Für das Spiel ließ der Markgraf in den Jahren 1662 und 1663 am Fuße des Fichtelgebirges bei Himmelkron in der Talaue des Weißen Mains eine Lindenallee anpflanzen. Auf einer Länge von etwa 750 Metern wurden in vier Baumreihen 800 Lindenbäume gesetzt. Die Bäume standen so nah beieinander, dass ihre Kronen sich ineinander verzahnten und regelrechte Laubengänge bildeten. Die Allee wurde seinerzeit als die schönste Europas bezeichnet, die Spielbahn galt als eine der längsten und erlangte große Popularität.

Nach über 100 Jahren kam 1792 das jähe Ende der großartigen Anlage. Auf allerhöchsten preußischen Befehl wurden die Bäume gegen den Widerstand der Bevölkerung gefällt. Gut 200 Jahre später kam es zwischen 1986 und 1992 zur Rekonstruktion der Baille-Maille-Allee, und die Bäume wurden neu gepflanzt. Mittlerweile kann man unter dem Blätterdach der neuen Allee einen ersten Eindruck von der früheren Pracht gewinnen. Ein einziger mächtiger Baum der alten Anlage ist heute noch erhalten.

Adresse Markgrafenstraße / Baille-Maille-Allee, 95502 Himmelkron | **Anfahrt** A 9, Ausfahrt Bad Berneck / Himmelkron, dann B 303 bis Himmelkron, links auf die Staatsstraße 2181 beziehungsweise Markgrafenstraße abbiegen und ihrem Verlauf durch Himmelkron bis zur Allee folgen | **Tipp** Das ehemalige Kloster Himmelkron wurde zum markgräflichen Jagdschloss umgebaut. Mit seinen Anlagen und dem Stiftskirchenmuseum ist es einen Besuch wert.

26__Die Stauferburg

Alte Grenzfestung mit jugendlichem Flair

Das Reisen war im Mittelalter ein nicht ungefährliches Unterfangen. Selbst wenn man sich auf bekannten Handelswegen befand, konnte man sich gerade als Kaufmann vor Übergriffen räuberischer Zeitgenossen nicht sicher fühlen. Über den Schirndinger Pass führten seit dem Hochmittelalter mehrere wichtige Handelsstraßen wie etwa die von Nürnberg nach Eger. Um diese wirtschaftlich bedeutsame Route wirksam vor Übergriffen zu schützen, wurde um das Jahr 1170 nördlich der Straße auf einem hohen Bergsporn über dem Egertal die weithin sichtbare Burg Hohenberg errichtet. Sie hatte aber auch für die nahe gelegenen Reichsstadt Eger eine Schutzfunktion. 1222 wurde ihr Name erstmals urkundlich erwähnt. Der Nürnberger Burggraf Friedrich III. bekam Hohenberg gegen Ende des 13. Jahrhunderts und hatte damit seine östlichste Erwerbung im Egerland. Seit dieser Zeit war die staufische Burg eine strategisch wichtige Grenzfestung nach Böhmen hin. Ihr heutiges Aussehen mit sechseckigem Grundriss, Ringmauer und Rundtürmen erhielt sie wohl um 1480. Als Burg Hohenberg nach dem Dreißigjährigen Krieg ihre strategische Bedeutung als Festung eingebüßt hatte, wechselte ihre Funktion hin zum markgräflichen Jagdschloss. Obwohl es über die Jahrhunderte auch immer wieder zu teils massiven Zerstörungen gekommen ist, zuletzt am Ende des Zweiten Weltkrieges, gilt Burg Hohenberg heute als die besterhaltene Burganlage im Fichtelgebirge, der Mauerring beispielsweise ist noch vollständig vorhanden.

Von 1955 bis 2014 zog die Burg als Jugendherberge unzählige Gäste aus nah und fern an. Bis 2018 begegneten sich hier Jung und Alt zu erlebnispädagogisch geführten Abenteuern in mittelalterlichen Mauern, die jedoch in den nächsten Jahren einer umfangreichen Generalsanierung bedürfen und daher leider vorübergehend geschlossen bleiben müssen. Den Störchen auf dem Turmdach wird das egal sein.

Adresse Burg 1, 95691 Hohenberg an der Eger | **Anfahrt** A 93, Ausfahrt Marktredwitz-Nord, dann B 303 Richtung Schirnding, Ausfahrt Schirnding/Hohenberg, dann nach links auf die Staatsstraße 2178 beziehungsweise die Schirndinger Straße abbiegen und ihr bis ins Ortszentrum zur Burg von Hohenberg folgen | **Öffnungszeiten** Wegen Sanierung bis mindestens 2022 geschlossen und nur von außen zu besichtigen | **Tipp** Das äußerst sehenswerte Museum »Porzellanikon« in der ehemaligen Hutschenreuther-Villa bietet faszinierende Einblicke in die Geschichte der Porzellanherstellung in Deutschland.

27 Das verschwundene Dorf

Wo kein Stein mehr auf dem anderen steht

Das deutsch-tschechische Grenzgebiet erfuhr nach dem Zweiten Weltkrieg eine beispiellose Umgestaltung. Nach der Zwangsenteignung und Vertreibung der deutschsprachigen Bevölkerung in den Jahren 1945 und 1946 lagen auch in Westböhmen ganze Siedlungen brach. Im Zuge der Grenzbefestigungen des Eisernen Vorhangs nach der kommunistischen Machtübernahme 1948 wurden vor allem die Dörfer und Gehöfte in unmittelbarer Grenznähe dem Erdboden gleichgemacht, damit die Grenze besser überwacht werden konnte und die Soldaten freies Schussfeld hatten. Wohnhäuser, Stallungen, Kirchen und Denkmäler wurden dabei von tschechischen Brigaden gesprengt und vielerorts sogar die Friedhöfe eingeebnet. Dort sollte bewusst nichts mehr an deutsche Siedlungen erinnern. Diese Verbannung aus der Erinnerung, die sogenannte »damnatio memoriae«, ist als Mittel der Siegerjustiz bereits seit der Antike bekannt. Über Wochen und Monate waren entlang der bayerischen Ostgrenze immer wieder schwere Detonationen zu hören und Rauchsäulen zu sehen, was für viele Heimatvertriebene aus dem Egerland ein schwerer Rückschlag war. Hatten sie sich doch in der Hoffnung auf eine zeitnahe Rückkehr nach Hause in Grenznähe niedergelassen.

Die Wüstung Rathsam steht stellvertretend für das Schicksal vieler deutsch-böhmischer Grenzorte, die in dieser Zeit für immer geschleift wurden. Das Dorf mit ehemals 16 Anwesen und etwa 80 Einwohnern zählte zu den ältesten im Egerland und wurde bereits 1242 als Ratsheim erstmals urkundlich erwähnt. Es lag direkt an der bayerisch-tschechischen Grenze bei Schirnding rechts der Röslau kurz vor deren Einmündung in die Eger. 1949 wurde der seit vier Jahren verlassene und in Hradčany umbenannte Ort aufgelöst und zerstört. Sogar die Zufahrtswege sind verschwunden. Nur das Naturreservat, das seit 1998 die Flussaue von Röslau und Eger schützt, trägt noch den alten Dorfnamen Rathsam.

Adresse Hradčany, CZ-35002 Cheb | **Anfahrt** A 93, Ausfahrt Marktredwitz-Nord, dann B 303 Richtung Schirnding, Ausfahrt Schirnding/Hohenberg, dann rechts auf die Staatsstraße 2178 beziehungsweise die Hohenberger Straße abbiegen und bis ins Ortszentrum von Schirnding fahren, nach links in die Egerstraße und vor der Bahnschranke erneut links in den Rathsamer Weg einbiegen und ihm bis zum Ende folgen, weiter zu Fuß auf dem »Weg der Begegnung« über die Staatsgrenze, Wüstung Hradčany/Rathsam nach dem Waldstück links des Weges | **Tipp** Das Künstlerhaus Schirnding in der Egerstraße überzeugt mit einem abwechslungsreichen und anspruchsvollen Kulturangebot.

28 Das Handfeuerwaffenmuseum

Historische Gewehre hinter alten Gefängnismauern

Die ehemalige Kemnather Fronfeste, die im Jahr 1750 im Bereich der heutigen Altstadt errichtet wurde, beherbergt seit 1984 ein Schatzkästchen der besonderen Art. Der sehr engagierte »Heimatkundliche Arbeits- und Förderkreis Kemnath und Umgebung e. V.« (Hakkem) richtete in dem alten Gefängnis ein kleines Museum ein, zu dessen Schwerpunkten eine Sammlung äußerst wertvoller Handfeuerwaffen aus Kemnather Produktion gehört.

Vielen Menschen dürfte heute unbekannt sein, dass in der Region im Jahr 1689 eine über 100 Jahre andauernde Tradition im Büchsenmacherhandwerk begründet wurde. Der bayerische Kurfürst Max Emanuel ließ seinerzeit in Fortschau, das direkt südlich der Kemnather Altstadt liegt, ein Armaturwerk einrichten, das sein gesamtes Heer mit Handfeuerwaffen aus eigener Herstellung versorgen sollte, um so von teuren Importen, wie etwa aus dem thüringischen Suhl, unabhängig zu werden. Das Eisen dazu lieferte das kurfürstliche Hüttenwerk in Fichtelberg am Ochsenkopf. An sechs Standorten entlang der oberen Fichtelnaab sowie rund um Kemnath arbeiteten diverse Werkstätten der Fortschauer Waffenschmiede zu. Für Bayerns älteste Gewehrmanufaktur wurden sogar Spezialisten aus Suhl angeworben, um die Lieferung Tausender moderner Steinschloss-Vorderladergewehre pro Jahr an das Heer zu garantieren.

Die stetig verbesserte Qualität der Fortschauer Waffen machte diese überregional bekannt und berühmt. Doch Kompetenzgerangel innerhalb der Zulieferer und die chronisch klamme Staatskasse legten den Betrieb immer wieder für einige Zeit lahm. 1801 schließlich wurde die Manufaktur geschlossen und stattdessen die Produktion nach Amberg verlegt. Die Fortschauer Gewehre sind heute gesuchte Raritäten und zeugen von einer kurzen, aber erfolgreichen Blütezeit der Waffenherstellung im südlichen Fichtelgebirge.

Adresse Trautenbergstraße 36, 95478 Kemnath, www.hakkem.de | Anfahrt A 93, Ausfahrt Altenstadt an der Waldnaab, dann B 22 bis Kemnath, nach der Ausfahrt im Kreisverkehr rechts in die Bayreuther Straße abbiegen und zum Stadtplatz fahren, kurz vor dem Stadttor rechts in die Trautenbergstraße einbiegen | Öffnungszeiten So 14–16 Uhr, jeden 1. So im Monat zusätzlich 10–12 Uhr | Tipp Das Ensemble rund um den Stadtplatz der ehemaligen Kreisstadt lädt zum Flanieren ein.

29 Die Fränkische Linie

250 Millionen Jahre in einem einzigen Schritt

Über das tapfere Schneiderlein kann man nur müde lächeln, denn »Sieben auf einen Streich« sind nichts gegen das, was man in der nördlichen Oberpfalz bei Waldeck ganz real, mühelos und ohne Tricks schaffen kann, nämlich sage und schreibe 250 Millionen Jahre Erdgeschichte mit nur einem einzigen Schritt zu überbrücken.

Diese geologische Besonderheit ist in ganz Bayern einmalig. Dabei wirkt der etwa fünf Meter lange und zwei Meter breite Gesteinsaufschluss in der Böschung eines Hohlwegs wenige hundert Meter nördlich von Waldeck recht unspektakulär. Zu erkennen sind uralte kristalline Gesteine aus dem Erdaltertum, die über Sandsteinen und Tonen des Erdmittelalters gelagert sind, dazwischen befindet sich ein wenige Dezimeter breites graues Band einer »Reibungszone«. Doch wie kann das sein?

Wenn man die Erdgeschichte betrachtet und alle Gesteine sich »normal« und ungestört übereinanderlagern würden, dann müssten sich die rund 450 Millionen Jahre alten kristallinen Gesteine ganz unten befinden und der 250 Millionen Jahre jüngere Sandstein bis zu 10 Kilometer (!) darüber.

Schuld an der Sensation am Hang des Kühbergs ist eine sehr bedeutende, mehrere hundert Kilometer lange und bis zu 30 Kilometer tiefe Störungszone in der Erdkruste, die sogenannte »Fränkische Linie«. Diese verläuft vom Thüringer Wald fast schnurgerade in südöstlicher Richtung bis zum Bayerischen Wald. Bei der Entstehung der Alpen wurden die rund 300 Millionen Jahre alten Mittelgebirge auf die wesentlich jüngeren Sedimente ihrer westlichen Vorländer aufgeschoben und sehr stark gehoben. Daher befindet sich heute am Westrand des Fichtelgebirges ein markanter Steilhang hinab ins Vorland, was man von Goldkronach bis Weiden schon von Weitem gut erkennen kann. Doch nur am Kühberg bei Waldeck ist der Störungsbereich der Fränkischen Linie freigelegt und an der Erdoberfläche sicht- und anfassbar.

Adresse Kühberg, 95478 Kemnath-Waldeck | **Anfahrt** A 93, Ausfahrt Altenstadt an der Waldnaab, weiter auf der B 22 bis Waldeck, an der Abzweigung nach Zwergau rechts und anschließend links in die Zwergauer Straße abbiegen und ihr bis zu Haus Nummer 19 folgen, ab hier zu Fuß bis zur Station 16 des markierten Geo-Erlebniswegs »Kemnather Land« (blauer Pfeil) oder über den Main-Donau-Wanderweg (MD) auf den Kühberg | **Tipp** Ein Besuch des Geo-Zentrums an der KTB (Kontinentale Tiefbohrung) bei Windischeschenbach ist unbedingt zu empfehlen.

30 Die Ruinen von Waldeck

Burg und Berg mit feuriger Vergangenheit

Der Waldecker Schlossberg ist gleich in mehrfacher Hinsicht ein geschichtsträchtiger Ort. Zum einen ist die 641 Meter über dem Meer liegende markante Kuppe der Überrest einer vulkanischen Aktivität, die sich erdgeschichtlich im Tertiär vor etwa 20 Millionen Jahren ereignet hat. Sehr hartes Basaltgestein befand sich anschließend einige hundert Meter tief unter der Erdoberfläche. Es kam im Laufe der Zeit durch Abtragung des deutlich weicheren Umgebungsgesteins ans Tageslicht. Zusammen mit mehreren anderen Basaltkuppen wie dem Rauhen Kulm und dem Anzenberg bildet der Schlossberg das sogenannte Kemnather Vulkanfeld.

Zum anderen wird die geologisch interessante Vulkanruine ihrerseits von der Ruine der historischen Burg Waldeck gekrönt, deren Existenz erstmals im Jahr 1124 urkundlich erwähnt wurde und die damit zu den ältesten Burgen in der Oberpfalz zählt. Heilika von Lengenfeld wurde dort geboren, die Mutter von Herzog Otto I. von Bayern, mit dessen Regentschaft ab 1180 die über 700-jährige Herrschaft der Wittelsbacher in Bayern begann. Die aus dunklem Basaltgestein errichtete Höhenburg wurde zur Festung ausgebaut und war bis 1698 Sitz des Landrichteramtes von Waldeck-Kemnath. Der dem Schlossberg vorgelagerte Galgenberg – ebenfalls ein Vulkan – diente als Richtstätte. Nach der Einnahme Waldecks 1704 während des Spanischen Erbfolgekrieges wurde die Anlage nach und nach zerstört. Dem Wiederaufbau folgte 1794 jedoch das endgültige Aus: Eine Brandkatastrophe vernichtete den ganzen Ort Waldeck samt der Burg. Schlossberg und Burg haben demnach eine extrem feurige Vergangenheit gemeinsam. Seit einigen Jahren wird die Ruine Waldeck freigelegt und restauriert. Von ihren mächtigen Mauern aus genießt man einen hervorragenden Rundblick auf die Kemnather Vulkanlandschaft. Die neue, modern gestaltete Freiluft-Burgkapelle Sankt Ägidius ist ebenfalls sehr sehenswert.

Adresse Schlossberg, 95478 Kemnath-Waldeck | Anfahrt A 93, Ausfahrt Altenstadt an der Waldnaab, weiter auf der B 22 bis Waldeck, dann links Richtung Ortsmitte abbiegen, kurz vor dem Oberen Markt links am Schlossberg einbiegen und bis zum Ende der Straße, ab hier zu Fuß auf den Schlossberg – am besten von der Südwestseite her über den ehemaligen Burgzugang | Öffnungszeiten ganzjährig frei zugänglich | Tipp Der traditionelle Waldecker Faschingsumzug mit zahlreichen Motivwagen lockt jedes Jahr Tausende begeisterte Närrinnen und Narren in die nördliche Oberpfalz.

31 Das Granitlabyrinth

Wo man sich nicht verliert, sondern findet

Kirchenlamitz und Granit – diese zwei Begriffe nennt man stets in einem Atemzug. Das Gebiet rund um den Epprechtstein war ein Hauptzentrum für die Steingewinnung und die steinverarbeitende Industrie in Nordbayern. Umso schlimmer und einschneidender traf der Strukturwandel die Stadt Kirchenlamitz. Durch die immer stärker globalisierte Wirtschaft wurde der hochwertige Granit aus dem Fichtelgebirge zu teuer und konnte gegen die Billigimporte aus Indien und China nicht bestehen. Werksschließungen, Abwanderung und großflächige Industriebrachen waren die traurigen Folgen.

Doch es wäre fatal gewesen, in Lethargie zu verharren und den guten alten Zeiten hinterherzutrauern. In Kirchenlamitz beschritt man buchstäblich einen neuen Weg. So entstand 2009 an der Stelle einer ehemaligen Steinhauerei am Fuße des Epprechtsteins das größte begehbare Granitlabyrinth in Deutschland. Dort, wo ehemals Granitrohlinge aus den umliegenden Steinbrüchen bearbeitet und für den Weitertransport per Bahn vorbereitet wurden, tummeln sich heute Menschen in einem 34 mal 34 Meter großen Skulpturenfeld. 180 riesige Quader aus Epprechtsteingranit, die an die frühere Funktion des Ortes erinnern, säumen einen 400 Meter langen und verschlungenen Weg zur Mitte des Labyrinths, wo ein fünf Meter hoher Obelisk die Besucher zum Innehalten einlädt. Weitere 400 kurvenreiche Meter führen wieder aus dem quadratischen Labyrinth heraus. Vor allem Kindern macht es großen Spaß, über die Blöcke der insgesamt fünf Umgänge zu klettern und den langen Weg abzukürzen. Sehr empfehlenswert ist zudem der 3,5 Kilometer lange Steinbruchwanderweg, der an markanten Punkten sehr gut über die erfolgreiche Epoche der Granitgewinnung und -verarbeitung am Epprechtstein informiert. Hier liegt gleichzeitig auch einer der mineralienreichsten Orte in Deutschland, der unter Fachleuten weltweit bekannt ist.

Adresse Vorderes Buchhaus, 95158 Kirchenlamitz | **Anfahrt** A 93, Ausfahrt Selb-West, dann auf den Staatsstraßen 2179, 2177 und 2176 über Marktleuthen Richtung Kirchenlamitz, bei der Ausfahrt Kirchenlamitz nach links abbiegen, im Ort auf der Weißenstädter Straße nach links auf die Kreisstraße WUN 1 abzweigen und bis zum Parkplatz am Granitlabyrinth | **Öffnungszeiten** rund um die Uhr geöffnet | **Tipp** Vom Granitlabyrinth aus empfiehlt sich eine Wanderung auf den Epprechtstein. Von der Aussichtsplattform der imposanten Burgruine hat man einen hervorragenden Panoramablick auf das nördliche Fichtelgebirge.

32 Das RadQuartier

Trick it!

Für wen ein Backflip in den größten Foampit Deutschlands keine Challenge mehr ist, wer schon immer einmal mit seinem BMX-Bike nice Airtricks performen wollte, wie zum Beispiel einen Superman Seat Grab, einen Truckdriver oder einen 360 Windshield Wiper, oder wer doch lieber als Flatland-Rider einen gepflegten Wheelie oder Bunny Hop celebraten will und wem vor allem diese ganzen Begriffe auch etwas sagen und dabei keine großen Fragezeichen auf der Stirn auftauchen, der ist im Kirchenlamitzer »RadQuartier«, Deutschlands größter Extremsporthalle, bestens aufgehoben.

Auf dem ehemaligen Industriegelände der Firma Winterling entstand ab 2010 eine ganz besondere Sportanlage. In einer leer stehenden Fabrikhalle, wo einst tonnenweise Porzellan hergestellt wurde, richtete der frühere Profi-Mountainbiker Robin Specht aus dem oberfränkischen Hof eine Actionsport-Eventarena ein.

Junge und jung gebliebene Freestyle-Sportler können auf über 2.000 Quadratmetern völlig wetterunabhängig ihrem Hobby nachgehen und in unterschiedlichen Sportarten und Schwierigkeitsstufen trainieren. Es ist für jeden (Extrem-)Sportgeschmack etwas dabei. Egal, ob man sich für Mountainbikes und klassische BMX-Räder oder für Skateboards, Scooter und Inline-Skates interessiert, die Hauptsache ist, dass das Sportgerät Räder hat und ein Hang zu Kunststücken vorhanden ist, die bereits beim Zuschauen die Nerven kitzeln. Verschiedene Rampenanlagen in ebenso unterschiedlicher Größe laden dazu ein, Tricks zu üben oder durch Profianleitung zu lernen. Damit die Landungen nicht allzu hart ausfallen, gibt es zum Beispiel den Foampit, eine Grube, die mit Schaumstoffteilen gefüllt ist. Fortgeschrittene nutzen Halfpipe, Bowl oder Skatepark.

Die Macher des RadQuartiers sorgen dafür, dass keine Langeweile aufkommt, und entwickeln immer neue Attraktionen, sodass jeder Besuch zum chilligen Event wird.

Adresse Schützenstraße 4, 95158 Kirchenlamitz, www.radquartier.com | **Anfahrt** A 93, Ausfahrt Selb-West, dann auf den Staatsstraßen 2179 und 2177 über Marktleuthen Richtung Kirchenlamitz, bei der Ausfahrt Kirchenlamitz/Niederlamitz nach links auf die Niederlamitzer Straße abbiegen und bis zum Marktplatz in Kirchenlamitz fahren, nach rechts in die Bahnhofstraße abbiegen, im Verlauf nach rechts in die Poststraße und anschließend nach links in die Schützenstraße abbiegen und bis zum Radquartier fahren | **Öffnungszeiten** Mi 15–21 Uhr, Fr auf Anfrage, Sa, So 12–21 Uhr | **Tipp** Der Große Kornberg ist bei Mountainbikern sehr beliebt. Biketrails in verschiedenen Schwierigkeitsgraden laden ein zu Spaß auf zwei Rädern im Gelände – bei jedem Wetter!

33__Der Mittelpunkt der Welt

Wo dafür gesorgt wird, dass alles rundläuft

Wer kennt den Mittelpunkt Bayerns? Wo ist das Zentrum Europas? London war für Jahrhunderte das Herz des Britischen Empire, und Rom ist schon seit der Antike der Nabel der Welt. Alles muss heutzutage komplett vermessen sein und ein Zentrum besitzen. Gerade in letzter Zeit werden ständig neue Mittelpunkte hervorgebracht und stolz der Öffentlichkeit präsentiert.

So denken die meisten. Das kleine Dorf Hohenbuch, ein Ortsteil von Kirchenlamitz, kann aber nur milde über derartigen Aktionismus lächeln. So weiß doch jeder im Dorf und in der näheren Umgebung, dass solche Messungen nur Schall und Rauch sind. Der tatsächliche Mittelpunkt der Welt liegt ganz unvermessen, aber dennoch eindeutig direkt neben dem schönen Dorfteich. Ein Findling aus original Kirchenlamitzer Fichtelgebirgsgranit mit eingemeißelter Erdkugel und geneigter Achse bekundet dies seit über 30 Jahren. Und nicht nur das: Die Hohenbucherinnen und Hohenbucher haben es sich zur Aufgabe gemacht, die Erdachse immer gut in Schuss zu halten. Damit der Blaue Planet sich auch weiterhin einmal am Tag um sich selbst drehen kann, sorgen die fleißigen Dorfbewohner für die notwendige tägliche Schmierung. Jeder weiß doch, dass eine ungeschmierte Achse zu hässlichen Geräuschen oder gar zum totalen Stillstand führen würde. Auf besagtem Granitstein befindet sich deshalb mitten auf der Erdachse ein spezieller Schmiernippel aus Metall. Alle Besucher sind herzlich dazu eingeladen, mitzuschmieren. So wird vom Fichtelgebirge aus dafür gesorgt, dass unsere Welt, zumindest was ihre Achse anbelangt, rundläuft. Sie denken, das sei eine skurrile Geschichte? Sie meinen, das sei eine Schildbürgerei, oder Sie wurden gar selbst angeschmiert? Fahren Sie nach Hohenbuch bei Kirchenlamitz und überzeugen Sie sich selbst. Bringen Sie aber bitte Schmiermittel, Seife und Lappen mit. Die Hohenbucher wollen ihren Dorfteich sauber halten …

Adresse Mittelpunkt der Welt, 95158 Kirchenlamitz-Hohenbuch-Zentrum | **Anfahrt** A 93, Ausfahrt Selb-West, dann auf der Staatsstraße 2179 über Großwendern nach Marktleuthen, im Ort der Selber Straße nach Überbruck folgen, direkt nach dem Kreisverkehr in der Hofer Straße rechts in die Kellergasse abbiegen und bis Hohenbuch fahren | **Öffnungszeiten** öffentliche Schmierung 365 Tage im Jahr rund um die Uhr | **Tipp** Südlich von Marktleuthen befindet sich am Hang des »Galgenbergs« ein echter Mittelpunkt, nämlich der geografische Mittelpunkt des historischen Sechsämterlandes.

34 Das Reslhaus

Wo Wissen aufhört, fängt Glaube an

Das Leben der Therese Neumann ist bis heute ein großes Mysterium für alle gläubigen Katholiken in der nördlichen Oberpfalz und darüber hinaus. Die als Konnersreuther Resl bekannt gewordene Frau wurde am Karfreitag 1898 als ältestes von elf Geschwistern im Haus einer katholischen Schneiderfamilie geboren. Eine tragische Wendung vollzog sich in ihrem Leben, als sie im Alter von 19 Jahren bei einem Unfall gelähmt wurde und im darauffolgenden Jahr völlig erblindete. Wie durch ein Wunder konnte sie am 29. April 1923, dem Tag der Seligsprechung der Theresia von Lisieux, wieder sehen, und genau am Tag von deren Heiligsprechung, am 17. Mai 1925, verschwand auch die Lähmung bei Therese Neumann.

Während der Fastenzeit 1926 traten erstmals die Phänomene auf, für die die Konnersreuther Resl berühmt geworden ist. An ihrem Körper zeigten sich die Stigmata, die Wundmale Jesu, die sie ihr Leben lang behielt und die jeden Freitag bluteten. Sie erlebte ekstatische Visionen, deren Echtheit allerdings von Skeptikern – auch innerhalb der Kirche – immer wieder angezweifelt wurden. Ebenso wundersam ist der Umstand, dass sie sich von 1927 bis zu ihrem Tod am 18. September 1962 nur noch vom täglichen Empfang der heiligen Kommunion ernährt haben soll. Die Visionen und die blutenden Stigmata zogen vor allem während der Karfreitagspassion Tausende Menschen zum Reslhaus. Ihr Grab auf dem Konnersreuther Friedhof ist bis heute ein viel besuchter Ort. Die katholische Kirche hat nach langem Zögern 2005 das Seligsprechungsverfahren für Therese Neumann eingeleitet.

Weniger bekannt ist vielleicht, dass die kluge und resolute Frau eine entschiedene Gegnerin des Nationalsozialismus war und viele Menschen zum Widerstand gegen Hitler angehalten hatte, darunter den Publizisten Dr. Fritz Gerlich, der als einer der schärfsten und mutigsten Regimegegner galt und 1934 im KZ Dachau ermordet wurde.

Adresse Therese-Neumann-Platz, 95692 Konnersreuth, www.therese-neumann.de | Anfahrt A 93, Ausfahrt Mitterteich-Süd, dann B 299 Ortsumgehung Mitterteich, auf Höhe Pechofen links auf die Staatsstraße 2176 abzweigen und bis Konnersreuth fahren, im Ort der Mitterteicher Straße und der Hauptstraße bis zum Therese-Neumann-Platz folgen | Öffnungszeiten siehe Webseite | Tipp Der von Therese Neumann angelegte »Reslgarten« wurde zwischen 2001 und 2006 wiederhergestellt und ist heute einer von vielen Orten der Besinnung in Konnersreuth.

35 Der Akanthus-Altar

Spätbarockes Meisterstück der Holzschnitzkunst

Von außen wirkt die in den Jahren 1935/36 errichtete katholische Sankt-Veit-Kirche in Thumsenreuth, einem kleinen Ort am Südrand des Steinwalds, relativ unspektakulär, und man ahnt nicht, dass hier ein kunsthistorisches Meisterwerk von höchster Bedeutung aufbewahrt wird: der Vierzehn-Nothelfer-Altar, einer der schönsten Barockaltäre in der Oberpfalz.

Die traditionelle Verehrung der »Vierzehn Nothelfer« oder auch »Vierzehn Heiligen« als Schutzpatrone ist in Nord- und Ostbayern bis in das Spätmittelalter zurückzuverfolgen. Zahlreiche Kirchen sind ihnen geweiht oder mit ihren Darstellungen kunstvoll geschmückt. Der Thumsenreuther Altar gehört zu den sogenannten Akanthus-Altären. Deren Hauptmerkmal ist ein üppiges, sehr filigran aus Holz geschnitztes Blattornament, welches Figuren oder Bilder von Heiligen regelrecht umrankt. Diese ungewöhnlichen, meist von unbekannten regionalen Künstlern hergestellten Kleinode waren während des Barocks in der Oberpfalz, in Böhmen und Niederbayern verbreitet. Dabei ist das stilisierte Akanthusblatt in der darstellenden Kunst bereits seit der griechischen Antike bekannt. Das als natürliches Vorbild dienende Blatt der südeuropäischen Akanthusstaude zählt kunstgeschichtlich in Europa zu den bedeutendsten ornamentalen Darstellungen.

Der Vierzehn-Nothelfer-Altar von Thumsenreuth entstand um das Jahr 1750 von der Hand des Erbendorfer Bildhauers und Schnitzers Sigmund Windisch. Zu dieser Zeit war die sprichwörtliche Blüte der barocken Akanthus-Schnitzerei eigentlich lange vorüber. Vielmehr waren nun die für das Rokoko typischen Muschelornamente in Mode. Der Thumsenreuther Akanthus-Altar ist somit der jüngste seiner Art in der Oberpfalz. Das monstranzartige und üppig vergoldete Kunstwerk stand zunächst in der Sankt-Veit-Kirche von Erbendorf. Diese wurde jedoch 1923 profaniert, und das himmlische Meisterstück zog nach Thumsenreuth um.

Adresse Hammerweg 3, 92703 Krummennaab-Thumsenreuth | **Anfahrt** A 93, Ausfahrt Falkenberg, dann B 299 Richtung Erbendorf, bei Krummennaab rechts auf die Staatsstraße 2121 nach Thumsenreuth abbiegen und dem Verlauf folgen, im Ort auf der Wiesauer Straße rechts in den Hammerweg einbiegen | **Öffnungszeiten** während der Gottesdienste (einsehbar unter www.pfarrei-krummennaab.de) und täglich auf Anfrage | **Tipp** Das in Privatbesitz befindliche Schloss Thumsenreuth und dessen benachbarte evangelische Ägidienkirche sind ebenfalls sehenswert.

36 Die Kirche auf dem Vulkan

Geologie und Glaube Seit an Seit

Der Armesberg in der nördlichen Oberpfalz ist eine über 25 Millionen Jahre alte Basaltkuppe und liegt unmittelbar nordöstlich der »Fränkischen Linie«, einem der geologisch bedeutendsten tektonischen Brüche in der Erdkruste in Mitteleuropa, der aus der Alpenbildung hervorgegangen ist. Mit seinen 731 Metern Meereshöhe bildet er die höchstgelegene Vulkanruine des Kemnather Vulkanfeldes, das sich bis zum Rauhen Kulm erstreckt. Vom Armesberg aus hat man einen hervorragenden Ausblick auf Fichtelgebirge, Steinwald und das Kemnather Land.

Die im Laufe der Jahrmillionen durch Verwitterung entstandene und unter Naturschutz stehende Basaltblockhalde wird von der Kirche »Zur Heiligen Dreifaltigkeit« gekrönt. Seit dem 17. Jahrhundert gehört der Armesberg zu den bekanntesten Wallfahrtsorten in der Region. Das 1836 feierlich eingeweihte Gebäude ist bereits das dritte Gotteshaus, das auf dem Vulkan gebaut worden ist. Sein Vorgänger, ebenfalls eine Dreifaltigkeitskirche, entstand in den Jahren 1677/78 und wurde zu einem beliebten Ziel von Wallfahrern, die sich sogar von Böhmen aus in die nördliche Oberpfalz aufmachten. Die Bittprozessionen nahmen von Jahr zu Jahr derart zu, dass 1705/06 unterhalb der Kirche noch eine dem heiligen Michael geweihte kleine Kapelle nebst dreier Hospiz-Wohnungen für angereiste Priester errichtet wurde.

Doch im Mai 1819 schlug während eines Unwetters der Blitz in die Dreifaltigkeitskirche ein, und das darauffolgende Feuer zerstörte sie völlig. Die bereits baufällig gewordene Michaelskapelle diente bis zur Fertigstellung der neuen Wallfahrtskirche als Ersatz, sie verfiel danach aber zusehends und brannte 1841 schließlich nieder. Die heutige Armesbergkirche mit ihrem eleganten Rundbau und dem wuchtigen Westturm ist nach wie vor Ziel vieler Pilger sowie eine beliebte Hochzeitskirche, ihr Altar stammt noch aus der alten Michaelskapelle.

Adresse Armesberg, 95508 Kulmain-Armesberg | **Anfahrt** A 93, Ausfahrt Altenstadt an der Waldnaab, weiter auf der B 22 bis Waldeck, in der Kemnather Straße an der Abzweigung rechts auf die Kreisstraße TIR8 abbiegen und über Godas zum Armesbergparkplatz am Gasthaus »Mesnerhaus« fahren | **Öffnungszeiten** unterschiedlich, am besten einsehbar unter www.pfarrei-kulmain.de | **Tipp** Der insgesamt 22 Kilometer lange Geo-Erlebnisweg »Kemnather Land« vermittelt an 26 Stationen einen umfassenden Einblick in die interessante Entstehungsgeschichte des »Landes der Teiche und Vulkane«.

37_Der Roußbuttnbou

Einer wie Pech und Schwefel

Leider existiert in der Stadt Marktleuthen die alte sechsbogige Egerbrücke aus der Markgrafenzeit nicht mehr. Sie wurde 1964 abgerissen und durch eine klobige, zweckmäßige Betonbrücke ersetzt. Seit 1967 hat diese Bausünde der Moderne auch einen »Brückenheiligen«, jedoch nicht wie sonst üblich eine Statue des heiligen Nepomuk, sondern den landläufig als »Roußbuttnbou« bezeichneten »Rußbuttenträger«.

Die Figur aus Bronze und Kupfer, ein Werk des Münchener Bildhauers Rudolf Ostermaier, steht auf einem meterhohen Findling aus Fichtelgebirgsgranit. Der freundlich blickende Mann in einfacher Handwerkstracht mit Hut erinnert an den längst ausgestorbenen Beruf des Ruß- beziehungsweise Pechbrenners, der neben der Köhlerei lange Zeit in den Wäldern des Fichtelgebirges und im Egerland heimisch war. Bei der Pechbrennerei wird sehr harzreiches Holz gesammelt und in fensterlosen Räumen in speziellen Rußöfen unter geringer Sauerstoffzufuhr verbrannt. Der Rußbrenner musste während des Vorgangs das sehr stark rauchende Holz ständig kontrollieren, damit der Kienspan nicht zu schnell verbrannte. Man kann sich vorstellen, dass dies weder ein sehr gesundheitsförderliches noch ein sehr einträgliches Gewerbe war. Den spärlich gewonnenen Kienruß, der seinerzeit zu Wagen- oder Stiefelschmiere verarbeitet oder als Druckerschwärze verwendet wurde, verpackte man in kleine Holzspanbehälter, die Rußbutten, transportierte sie zu Fuß über Land und verkaufte sie bis nach Sachsen. Dies übernahmen die Rußbuttenträger, die meist sehr arme junge Leute oder gar die Kinder der Pechbrenner waren und die große Strapazen für fast keinen Erlös aus dem Rußhandel auf sich nehmen mussten. Sie fungierten aber auch als Nachrichtenüberbringer in abgelegene Regionen und waren daher recht beliebt bei der ländlichen Bevölkerung. In einer alten Egerländer Volksweise heißt es: »Bin i ned a schöiner Roußbuttnbou?«

Adresse Überbruck/Egerbrücke, 95168 Marktleuthen | **Anfahrt** A 93, Ausfahrt Selb-West, dann auf der Staatsstraße 2179 über Großwendern nach Marktleuthen, im Ort der Selber Straße nach Überbruck folgen, im Kreisverkehr links zur Egerbrücke abbiegen | **Tipp** Mitten durch Marktleuthen verläuft der 12. Längengrad östlich von Greenwich. Ein schöner Gedenkstein aus Syenit befindet sich in der Martin-Luther-Straße.

38 Der 50. Breitengrad

50°00'00" N und 12°08'69" O

Was haben die Orte Mainz in Hessen, Charkiv in der Ukraine oder Parson's Pond auf Neufundland mit Marktredwitz im Fichtelgebirge gemeinsam? Sie sind durch eine horizontale Linie im Gradnetz der Erde miteinander verbunden, die auf die geodätische Sekunde genau durch den jeweiligen Ort verläuft. Im Falle von Marktredwitz allerdings befindet sich das entsprechende 50-Grad-Denkmal etwa 150 Meter zu weit südlich auf der Dörflaser Brücke über den Kösseinbach. GPS-Puristen müssten sich mitten auf die Kreuzung von Ottostraße und Leopoldstraße stellen, um die Koordinate 50°00'00" N andächtig im Display bestaunen zu können, was in Anbetracht des regen Durchgangsverkehrs jedoch nicht unbedingt ratsam ist. Der Standort des Denkmals auf der Brücke ist aber insofern nicht ohne Grund gewählt, als hier bis 1816 zwei Hoheitsgebiete aneinandergrenzten: auf der einen Seite Redwitz, das zu Eger und damit zu Österreich gehörte, und im Süden der Brücke der preußisch-fränkische Ort Dörflas.

Ein historisch interessantes Umfeld ergibt sich beim Blick von der Brücke nach Nordost: Der heutige Standort eines Einkaufszentrums samt Kinocenter und Parkhaus befindet sich auf dem ehemaligen Areal der ältesten chemischen Fabrik Deutschlands. Die 1788 von Wolfgang Caspar Fikentscher gegründete Fabrik besuchte 1822 auch der naturwissenschaftlich äußerst interessierte Johann Wolfgang von Goethe. Er logierte bei seiner dritten Reise ins Fichtelgebirge höchstselbst beim Firmenpatriarchen (im heutigen Neuen Rathaus), experimentierte in der Fabrik für seine Farbenlehre – und dem 73-Jährigen gefielen die jungen Fabrikantentöchter.

Ein unrühmliches Ende fand die mitten in der Stadt liegende Fabrik 1985, als sie wegen vielfach überhöhter Quecksilberwerte zwangsgeschlossen wurde. Mehr als 55.000 Tonnen verseuchtes Material mussten in über zehn Jahren aufwendig entsorgt werden. Es war der wohl größte Umweltskandal Westdeutschlands.

Adresse Dörflaser Brücke, Ottostraße, 95615 Marktredwitz | Anfahrt A 93, Ausfahrt Marktredwitz-Süd, dann Richtung Innenstadt über den Kreisverkehr der Wölsauer Straße folgen, im nächsten Kreisverkehr in die Fikentscherstraße abzweigen und ihr in die Leopoldstraße folgen, am KEC entlangfahren und am Ende an der Ampelkreuzung nach links in die Ottostraße einbiegen, Parkmöglichkeiten nach der Dörflaser Brücke rechts in der Fabrikstraße | Tipp Der historische Gasthof zum goldenen Löwen im Schloss Dörflas am Zipprothplatz liegt in Sichtweite der Brücke und bietet gleichermaßen Augen- und Gaumenschmaus.

39 Das Egerland-Kulturhaus

Neue Heimat für die »Eghalanda Gmoin«

Der Verlust seiner Heimat ist das Schlimmste, was einem Menschen passieren kann. Das Herausgerissenwerden aus der vertrauten Umgebung, das plötzliche Zurücklassen von Haus und Hof, eine ungewisse Zukunft vor Augen – was heute an Flüchtlingsdramen in aller Welt erinnert, war nach dem Zweiten Weltkrieg für die deutschsprachige Bevölkerung in der Tschechoslowakei bittere Realität. Nach einer über 900-jährigen Geschichte schien mit der Vertreibung der Egerländer Bevölkerung 1945/46 deren Kultur am Boden zerstört.

Doch schon kurz nach der Stunde null fingen die verschiedenen Egerländer Ortsgruppen an, ihre Erinnerungen an die verlorene Heimat zu sammeln. Erklärtes Ziel war es, das gemeinsame kulturelle Erbe für die nachfolgenden Generationen zu bewahren. Erste Museen entstanden, etwa in Amberg, Bayreuth oder Regensburg. Marktredwitz hatte durch die jahrhundertelange Zugehörigkeit zur Stadt Eger eine besondere Funktion. So wurde hier 1961 die 900-Jahr-Feier Egers mit überwältigendem Erfolg ausgetragen. Und in dieser Zeit reifte auch der Wunsch, ein großes gemeinsames Kulturzentrum für die Egerländer Gemeinden, ein »All-Egerland-Kulturhaus«, zu schaffen. Nach der Grundsteinlegung 1969 konnte es schließlich 1973 erstmals seine Pforten öffnen. Das Konzept des Gebäudes zielt nicht nur darauf ab, viele einzigartige Erinnerungsstücke aus der Vergangenheit zu sammeln, sondern es will zugleich ein lebendiger, identitätsstiftender und ermutigender Ort für alle Egerländer sein, die sich eine neue Heimat und eine neue Zukunft aufbauen mussten. Der Erfolg des Kulturhauses zeigte sich auch in dessen Erweiterung 1996/97. Seit dem Jahr 2000 bietet das rundum erneuerte Egerland-Kulturhaus seinen Besuchern ein didaktisch bestens aufbereitetes Angebot mit Sonderausstellungen und Kunstgalerie sowie der erweiterten Egerländer Studienbibliothek mit über 12.000 Büchern.

Adresse Fikentscherstraße 24, 95615 Marktredwitz, www.egerlandmuseum.de | Anfahrt A 93, Ausfahrt Marktredwitz-Süd, dann Richtung Innenstadt über den Kreisverkehr der Wölsauer Straße folgen, im nächsten Kreisverkehr in die Fikentscherstraße abzweigen und bis zum Egerland-Kulturhaus fahren | Öffnungszeiten Di–So 14–17 Uhr | Tipp Der anlässlich der »Grenzenlosen Gartenschau« von Marktredwitz und Cheb/Eger im Jahr 2006 entstandene Auenpark ist immer einen Besuch wert.

40 Das Schnapsmuseum

100 Prozent Hochprozentiges

»Es ist ein Brauch von alters her, wer Sorgen hat, hat auch Likör.« Dieser Satz von Wilhelm Busch trifft zumindest nicht auf die Destillerie Dr. Rauch in Marktredwitz zu. Sorgen muss sich das oberfränkische Traditionsunternehmen nun wirklich keine machen, denn der Familienbetrieb zählt zu den umsatzstärksten seiner Branche in Deutschland. 1930 noch als Großhandelsbetrieb für Süßwaren gegründet, spezialisierte sich die Firma ab 1969 auf die Produktion von Spirituosen in Kleinflaschen. Die Destillerie Rauch nutzte hierbei effektiv eine Marktnische und fertigt heute über 80 verschiedene Produkte: In modernsten und voll automatisierten Anlagen werden pro Stunde über 100.000 Einheiten der Rauch-typischen 20-Milliliter-Portionsfläschchen abgefüllt. Die vor allem beim jungen Partyvolk beliebten Kurzen, zum Beispiel die bekannten »Gräf's Liköre« mit ihrem knallbunten Verpackungsdesign, werden europaweit verkauft.

1993 wurde auf dem Marktredwitzer Produktionsgelände der Merchandise-Bereich »Rauch's Galerie Destille« mit dem ersten fränkischen Schnapsmuseum eröffnet. Die Besucher können hier allerlei Wissenswertes über die Herstellung von Likören und Schnäpsen sowie die Betriebsgeschichte der Destillerie Dr. Rauch erfahren. Ergänzt wird die Ausstellung durch die Präsentation seltener Apparaturen. So kann man eine der ältesten noch voll funktionsfähigen Destillieranlagen in Deutschland aus dem Jahr 1910 bestaunen, die eine stolze Gesamthöhe von fast sechs Metern aufweist. Im Anschluss an das Museum folgt eine Schnapsboutique, in der man die berühmte Qual der Wahl hat, denn alle hochprozentigen Rauch'schen Spezialitäten dürfen dort kostenlos probiert werden. Die einzige Sorge, die man dann vielleicht noch hat, ist, ob man auch den richtigen Lieblingslikör zum Fabrikpreis mit nach Hause genommen hat oder aus Versehen den des Nachbarn an der Kasse.

Adresse Thölauer Straße 12, 95615 Marktredwitz | **Anfahrt** A 93, Ausfahrt Marktredwitz-Nord, dann B 303 Richtung Bad Berneck, Ausfahrt Marktredwitz, weiter auf der Staatsstraße 2177 Richtung Innenstadt fahren und die zweite Straße links in die Thölauer Straße abbiegen | **Öffnungszeiten** unterschiedlich, am besten einsehbar unter www.graefs.de, Betriebsbesichtigungen nach Voranmeldung (Tel. 09231/995100) | **Tipp** Herzerwärmendes der anderen Art bietet der alljährlich zur Weihnachtszeit stattfindende Marktredwitzer Krippenweg. Die über 25 Stationen umfassende Weihnachtskrippenschau führt sowohl in Kirchen als auch in zahlreiche Privathäuser.

41 Das Sterbehaus des Admirals

Rolling home …

Der Skagerrak ist ein Meeresabschnitt der Nordsee, der zwischen den Küsten von Norwegen, Dänemark und Schweden liegt. Dort tobte im Ersten Weltkrieg vom 31. Mai bis zum 1. Juni 1916 die größte Seeschlacht aller Zeiten zwischen der deutschen Hochseeflotte und der Royal Navy. 250 deutsche und britische Kriegsschiffe zogen hochgerüstet in eine gigantische Materialschlacht, die bis heute ihresgleichen sucht. Über 100.000 Seeleute gingen mangels Luftaufklärung blind aufeinander los, indem sie pausenlos ihre tödlichen Artilleriegeschütze Salve um Salve über eine Distanz von bis zu 15 Kilometern in Richtung Gegner abfeuerten, um ihn zu versenken. Obwohl die britische Flotte erheblich mehr Verluste zu beklagen hatte, blieben die Kräfteverhältnisse nach der Schlacht unverändert. Insgesamt starben an diesen beiden Tagen auf sinnlose Art fast 9.000 Menschen – das entspricht etwa der Einwohnerzahl der Stadt Wunsiedel.

Die deutsche Hochseeflotte stand bei der Skagerrakschlacht unter dem Kommando von Vizeadmiral Reinhard Scheer. Der 1863 geborene Niedersachse galt als erfahrener Marineoffizier und sehr guter Taktiker. Er erhielt nach der Schlacht den Admiralsrang und wurde mit den höchsten Orden ausgezeichnet. In den 1920er Jahren war Scheer als aussichtsreicher Nachfolger für Reichspräsident von Hindenburg im Gespräch. Doch während einer größeren Vortragsreise über die berühmte Seeschlacht erkrankte der Admiral. Kurz vor einem geplanten Versöhnungstreffen mit dem britischen Admiral John Jellicoe, seinem früheren Schlachtgegner, verstarb Scheer am 26. November 1928 an den Folgen einer Lungenembolie in seiner Marktredwitzer Unterkunft. Der Held von Skagerrak wurde in seiner Wahlheimatstadt Weimar beigesetzt. An seinem Sterbehaus, das heute zur Stadtverwaltung gehört, wurde eine Gedenktafel angebracht.

Adresse Bahnhofstraße 14, 95615 Marktredwitz | **Anfahrt** A 93, Ausfahrt Marktredwitz-Nord, dann B 303 Richtung Bad Berneck, Ausfahrt Marktredwitz, weiter auf der Staatsstraße 2177 Richtung Innenstadt fahren, direkt nach der Bahnunterführung nach links in die Oberredwitzer Straße Richtung Bahnhof abbiegen, die nächste Abzweigung rechts in die Bahnhofstraße | **Öffnungszeiten** öffentlicher Parteiverkehr, einsehbar unter www.marktredwitz.de | **Tipp** Die neugotische Backsteinkirche Sankt Josef von 1895 vermittelt beinahe hanseatisches Flair und liegt dem Sterbehaus von Admiral Scheer direkt gegenüber.

42 Die Theresienkirche

Wo einst der Erdäpfelkrieg tobte

Die Stadtgeschichte von Marktredwitz ist eng mit der von Eger verbunden. 1340 verkaufte der Abt von Waldsassen den Ort Redwitz, den er erst ein Jahr zuvor von Kaiser Ludwig dem Bayern erhalten hatte, an die Freie Reichsstadt in Böhmen. Infolgedessen erhielt der Markt von Redwitz auch das Egerer Stadtrecht, und beide Städte blieben beinahe 500 Jahre eng miteinander verbunden. Die beiden Stadtwappen am Alten Rathaus von Marktredwitz zeigen dies sehr deutlich. Redwitz blieb eine böhmisch-österreichische Exklave mitten im markgräflich-hohenzollerischen Sechsämterland, bis es im Zuge des Wiener Kongresses 1816 im Tausch gegen Vils in Tirol bayerisch wurde.

1570 wurde Eger und damit auch Redwitz protestantisch. 1627 kehrte die Reichsstadt im Zuge der Gegenreformation zurück zum Katholizismus, doch Redwitz wehrte sich erfolgreich dagegen – mit weitreichenden Folgen. Eine skurrile politische Zuspitzung gab es im 18. Jahrhundert. Böhmische (österreichische) Bürger aus Redwitz stritten mit Bewohnern aus dem benachbarten markgräflichen (preußischen) Dörflas um ein Stück Ackerland. Dieser »Dörflaser Erdäpfelkrieg« drohte 1754 derart zu eskalieren, dass sowohl böhmische als auch markgräfliche Truppen geschickt werden mussten, um die Situation wieder unter Kontrolle zu bringen. Doch die Lage blieb angespannt. 1763 wurde Redwitz daher zur österreichischen Garnisonsstadt. Da die stationierten katholischen Soldaten und deren Familien aber in der protestantischen Stadt über kein Gotteshaus verfügten, stiftete nach langem Bitten die Kaiserin Maria Theresia persönlich eine Garnisonskirche, die 1776/77 erbaute Theresienkirche, benannt nach der heiligen Theresia von Ávila, der Namenspatronin der Kaiserin. Die einzige katholische Rokokokirche der Region ist ein sehr sehenswertes Kleinod und verdankt ihre Existenz demnach einem sturen Gezänk zwischen Preußen und Österreichern.

Adresse Markt 30, 95615 Marktredwitz | **Anfahrt** A 93, Ausfahrt Marktredwitz-Nord, dann B 303 Richtung Bad Berneck, Ausfahrt Marktredwitz, dann auf der Staatsstraße 2177 Richtung Innenstadt bis in die Leopoldstraße fahren, Parkgelegenheit zum Beispiel auf dem La-Mure-Platz, Kirche in der Fußgängerzone | **Öffnungszeiten** täglich geöffnet | **Tipp** Ein Besuch des Ensembles um das Alte Rathaus und die Bartholomäuskirche, das der Theresienkirche direkt gegenüberliegt, lohnt sich.

43 Die Schiefe Ebene

Ganz schön schräg

Als 1835 der legendäre »Adler« seine Fahrt aufnahm, begann in Deutschland das Eisenbahnzeitalter. Bayern wollte zügig die ehrgeizig geplante »Ludwig-Süd-Nord-Bahn«, eine Eisenbahnlinie zwischen Lindau und Hof quer durch das Königreich, Wirklichkeit werden lassen. Im Nordabschnitt zwischen Bamberg und Hof stießen die Ingenieure jedoch auf eine natürliche Barriere: Am Westrand des Fichtelgebirges musste die Münchberger Hochfläche überwunden werden, um vom Weißmaintal ins Tal der Sächsischen Saale zu gelangen. Nach einigen Umplanungen entschied man sich, nicht nach britischem, sondern nach amerikanischem System zu bauen, das heißt, dass die Lokomotiven keine Starrachsen, sondern Drehgestelle mit gekuppelten Antriebsachsen haben sollten, die in der Lage waren, enge Kurven zu durchfahren und gleichzeitig große Steigungen ohne weitere technische Hilfsmittel zu bewältigen.

So entstand von 1844 bis 1848 zwischen Neuenmarkt und Marktschorgast die »Schiefe Ebene«, die erste Steilrampe für Eisenbahnen in Europa. Auf mehr als sieben Kilometern Länge werden bei Steigungen von bis zu 25 Promille über 157 Höhenmeter bewältigt. Die kurvige Strecke brauchte keine aufwendigen Tunnel- oder Viaduktbauten. Stattdessen wurden bis zu 32 Meter hohe Steindämme sowie mehrere Durchlässe und Brücken errichtet, die in ihrer Form bis heute nahezu unverändert geblieben sind und als technische Pionierleistung wegweisend für andere berühmte Eisenbahnrampen waren, wie zum Beispiel die zum UNESCO-Welterbe gehörende Semmeringbahn. Ein sehr informativer Eisenbahnlehrpfad führt vom Bahnhof Marktschorgast entlang der »Schiefen Ebene« hinunter nach Neuenmarkt. Bekannt ist die Rampe nicht zuletzt für die verschiedenen Dampflokgespanne, die regelmäßig mit lautem Zylinderschlag den Berg hinaufstampfen und Hunderte begeisterte Zuschauer entlang der Strecke echte Eisenbahnatmosphäre schnuppern lassen.

Adresse Bahnhofstraße 29, 95509 Marktschorgast | ÖPNV stündlicher Takt im Regionalexpress zwischen den Bahnhöfen Marktschorgast und Neuenmarkt-Wirsberg (einfache Fahrzeit: 6 Minuten) | Anfahrt A 9, Ausfahrt Marktschorgast, dann auf der Bernecker Straße nach Marktschorgast fahren und über die Bahnhofstraße der Beschilderung zum Bahnhof folgen | Tipp Das »Deutsche Dampflokomotivmuseum« am Fuße der »Schiefen Ebene« in Neuenmarkt ist ein Muss für jeden Eisenbahnenthusiasten.

44_Der Wildpark

Faszinierende Tierwelt und viele königliche Namen

Majestätisch und scheinbar unbeeindruckt schreiten Platzhirsch Ludwig und sein Artgenosse Leopold über die Lichtung des Rotwildgeheges, während auf der drei Meter hohen Besucherplattform gegenüber die Menschen bei der öffentlichen Fütterung der vielpfötigen Luchsfamilie bestehend aus Charles, Diana und deren Nachwuchs um die besten Fotografierplätze drängeln. Das Rehwildgespann rund um Rehbock Franzl und seine Gespielinnen Sissi und Helene beobachtet die Szene zusammen mit Hubertus, Bayerns einzigem weißen Rothirsch, eher aus dem Hintergrund. Das scheue Wildkatzenpärchen Cäsar und Cleopatra wendet sich von der Zuschauermeute ab und lieber der schmatzenden Wildschweinrotte zu, während hinter einer Plexiglasscheibe die schwarze Rossameisenkönigin Queen Elizabeth ihr ganzes Volk unentwegt krabbeln lässt.

Die Macher des 2014 eröffneten Wildparks an der seit 2005 bestehenden Umweltbildungsstätte Waldhaus Mehlmeisel ließen es sich nicht nehmen, mit einem Augenzwinkern einem Großteil ihrer Parkbewohner royale Namen zu geben. Eine gewisse Ironie des Schicksals zeigte sich in diesem Zusammenhang ausgerechnet bei der fotogenen Luchsdame Diana, die ebenso wie ihre englische Namenskollegin einen schweren Unfall erlitt, als die junge Raubkatze bei einer leichtsinnigen Kletterpartie von einem Baum stürzte und sogar notoperiert werden musste. Möglicherweise wurde daher das Namenskonzept etwas angepasst, denn bei den Wild-, Kanada- und Nonnengänsen tauchen nun Namen aus der Entenhausener Verwandtschaft auf: Daisy und Donald schnattern zusammen mit Dorette, Dagobert, Gundel und Klaas rund um das größte frei stehende Waldvogelhaus Deutschlands um die Wette.

Das moderne Umweltzentrum Waldhaus Mehlmeisel und der angegliederte Wildpark sind zu jeder Jahreszeit für Groß und Klein ein einzigartiges Erlebnis und sollten daher bei keinem Fichtelgebirgsbesuch fehlen.

Adresse Waldhausstraße 100, 95694 Mehlmeisel, www.waldhaus-mehlmeisel.de | **Anfahrt** A 93, Ausfahrt Marktredwitz-Nord, dann B 303 Richtung Bad Berneck, an der Abzweigung Fichtelberg nach links und der Staatsstraße 2981 bis nach Fichtelberg folgen, in der Ortsmitte nach links Richtung Mehlmeisel abbiegen und dort der Beschilderung zum Wildpark folgen | **Öffnungszeiten** täglich 10–18 Uhr (Sommerzeit) oder 10–16 Uhr (Winterzeit) | **Tipp** Man sollte vom Waldhaus aus den »Entdeckerpfad« bis zum 46 Meter hohen Klausenturm entlanggehen. Von oben hat man einen wunderbaren Panoramablick über den Zentralstock des Fichtelgebirges.

45 Die Wolfssäule

Wo das letzte Heulen in Bayern verstummte

Die Meute kennt kein Erbarmen. Die organisierte Treibjagd geht in den zweiten Tag. Immer wieder werden Fährten aufgespürt, eifrig gemeldet und verfolgt. 16 Jäger, Forstmeister und Förster aus dem südlichen Fichtelgebirge wollen nach drei vergeblichen Anläufen immer noch nicht aufgeben und durchstreifen seit dem 21. Juli 1882 systematisch das königlich bayerische Forstrevier zu Frankenreuth in der nördlichen Oberpfalz – um ihn aufzuspüren: Canis lupus alias Isegrim, den Wolf, das gefürchtete Raubtier, auf dessen Kopf vom königlichen Bezirksamt in Wunsiedel eine beachtliche Abschussprämie ausgesetzt wurde. Am 22. Juli 1882 wird das Tier schließlich vom Kulmainer Gastwirt Martin Wiesent in der Waldabteilung Südtanne am Scheibenberg bei Mehlmeisel gestellt und mit zwei Schüssen niedergestreckt. Der 42 Kilogramm schwere, 80 Zentimeter hohe und 163 Zentimeter lange Einzelgänger war der letzte in freier Wildbahn gesichtete Wolf in Bayern. Der Kadaver wurde präpariert und gelangte über Wunsiedel nach Nürnberg, wo sich allerdings seine Spur verliert.

Unwissen, Hysterie oder auch blanker Hass führten zur beinahe totalen Ausrottung eines der faszinierendsten Raubtiere, das wie kaum ein anderes in die Mythen und Legenden der Menschen Einzug gehalten hatte, was ihm nach und nach zum Verhängnis wurde. Erst 2011 konnten im Fichtelgebirge wieder eindeutige Wolfsspuren gesichtet werden.

Im Jahr 1907, 25 Jahre nach dem Abschuss des Wolfs, wurde am Ort des Geschehens zur Erinnerung an den letzten Wolf in Bayern die Wolfssäule aufgestellt, ein ausrangierter Straßenbegrenzungsstein aus Granit, in den neben den Jahreszahlen und den Initialen von Säulenstifter und Revierförstern ein Wolfsprofil eingemeißelt wurde. Über einen Rundwanderweg, den Wolfssäulenweg (schwarzer Wolf auf gelbem Grund), gelangt man vom Waldhaus Mehlmeisel zu diesem denkwürdigen Ort menschlichen Versagens.

Adresse Scheibenberg, 95694 Mehlmeisel | Anfahrt A 93, Ausfahrt Marktredwitz-Nord, dann B 303 Richtung Bad Berneck, an der Abzweigung Fichtelberg nach links und auf der Staatsstraße 2981 bis nach Fichtelberg fahren, in der Ortsmitte nach links Richtung Mehlmeisel abbiegen und dort der Beschilderung zum Wildpark »Waldhaus Mehlmeisel« folgen, Beginn und Ende des circa 6,5 Kilometer langen Wolfssäulenwegs bei den Besucherparkplätzen | Tipp Die Wolfssäule ist einer von mehreren Bildstöcken, sogenannten »Marterln«, in diesem Waldbezirk, die über einen weiteren markierten Wanderweg, den »Marterlweg«, zu erreichen sind.

46 Das Hammerkirchl

Ein selten gewordener Ort der Stille und Einkehr

Der Bau von Loretokapellen fand in den katholisch geprägten Regionen Bayerns vor allem in den Jahren zwischen 1600 und 1750 sehr regen Zuspruch. Die Originalvorlage für diese kleinen Marienkirchen steht im Wallfahrtsort Loreto bei Ancona an der Adriaküste. Die dortige Basilika umschließt das Heilige Haus, die sogenannte »Casa Santa«, welche der Legende nach das Haus der Heiligen Familie von Nazareth darstellen soll. Italienpilger brachten Ideen und Pläne zum Bau eigener Kapellen zur Verehrung der Muttergottes über die Alpen bis nach Bayern.

Nach dem italienischen Vorbild sollte eine Loretokapelle auf einem kleinen Hügel liegen und der Innenraum einen rechteckigen Grundriss von 9,50 Metern Länge und 4,10 Metern Breite sowie eine lichte Höhe von exakt fünf Metern bis zum Ansatz eines Tonnengewölbes haben. Viele Loretokapellen wurden im Laufe der Zeit zum Teil mehrfach umgebaut oder auch profaniert, sodass der Originalgrundriss letztlich verloren ging. Heute sind bayernweit noch 50 solcher Kapellen nachgewiesen.

Der nördlichste dieser Kapellenbauten in Bayern und auch der einzige dieser Art im heutigen Oberfranken ist das sogenannte »Hammerkirchl« in Unterlind, einem Ortsteil von Mehlmeisel. Sie ist zudem eine der ganz wenigen im Originalgrundriss erhaltenen Loretokapellen. Der Bergobrist des heutigen Fichtelbergs, Johann Ernst von Altmannshausen, ließ die Kapelle 1686 oberhalb seines Hammerwerks in Unterlind errichten. Zwischen 1968 und 1973 wurden Wandfresken aus der Entstehungszeit freigelegt und konserviert und zur Jahrtausendwende der Innenraum denkmalpflegerisch generalsaniert.

Der von nur einem Fenster erhellte Innenraum lädt zum stillen Verweilen ein, während durch die dicken Außenmauern das leise Blätterrauschen der mächtigen und jahrhundertealten Lindenbäume dringt, die die Kapelle umgeben. Hier scheint man für einen Moment die Zeit anhalten zu können.

Adresse Mitterlinder Straße 6, 95694 Mehlmeisel | **Anfahrt** A 93, Ausfahrt Marktredwitz-Nord, dann B 303 Richtung Bad Berneck, an der Abzweigung Fichtelberg nach links und auf der Staatsstraße 2981 bis nach Fichtelberg fahren, in der Ortsmitte nach links Richtung Mehlmeisel abbiegen und der Mitterlinder Straße nach Unterlind folgen | **Öffnungszeiten** täglich geöffnet | **Tipp** Die 1907 im neoromanischen Stil erbaute katholische Pfarrkirche Sankt Johannes Baptist in Mehlmeisel ist einen Besuch wert.

47 Der Zoigl

Wo es noch echtes Bier mit Charakter gibt

»Hopfen und Malz, Gott erhalt's!« Diesen Satz kennt (fast) jedes Kind, steht er doch für die besondere Beziehung zwischen Bayern und seinem Bier. So vielfältig die Sitten und Gebräuche in den Regionen des Freistaats ausgeprägt sind, so deutliche Unterschiede gibt es auch in der Tradition der Bierherstellung. Das vor über 500 Jahren durch den Herzog von Bayern erlassene Reinheitsgebot ist der gemeinsame Nenner für die verschiedenen bayerischen Biere.

Da das Bierbrauen und die damit verbundenen Schanklizenzen grundsätzlich eine herrschaftliche Angelegenheit waren, konnten unter anderem Klöster die begehrten Freiheitsbriefe in ihren Herrschaftsbereichen vergeben, so auch der Abt des Klosterstifts zu Waldsassen.

Der Markt Mitterteich im Waldsassener Stiftland erhielt 1516 das heute noch gültige Brau- und Schankrecht. Seitdem produzieren die Mitterteicher ihr Bier selbst. Dabei ist auch die in der nördlichen Oberpfalz besondere Tradition des Kommunbrauhauses bis in die heutige Zeit erhalten geblieben. Das dort gemeinschaftlich hergestellte Bier nennt man »Zoigl«. Es ist ein untergäriges und ungefiltert gebrautes Bier aus Hopfen, Malz, Wasser und Hefe, streng nach dem Reinheitsgebot. Der Name »Zoigl« geht auf das Wort »Zeiger« zurück. Da das naturtrüb ausgeschenkte Getränk nur eine begrenzte Haltbarkeit hat, hängten die lizensierten »Zoiglstuben« abwechselnd einen sechszackigen Bierstern aus dem Fenster, um anzuzeigen, wann das Bier fertig war und in ihrer Stube gerade zum Ausschank bereitstand.

Neben Mitterteich betreiben noch die Orte Eslarn, Falkenberg, Neuhaus und Windischeschenbach echte Kommunbrauhäuser für das unverwechselbare und je nach Rezeptur immer etwas anders schmeckende Original-Zoigl-Bier. Mit deftiger Brotzeit und einem geselligen Beieinander ohne Standesunterschiede in der Zoiglstube ist dies ein echtes Gemeinschaftserlebnis. Prost Gemeinde!

Adresse drei Zoiglstuben: in der Angergasse 1, in der Bachstraße 12 und am Oberen Marktplatz 11, 95666 Mitterteich | **Anfahrt** A 93, Ausfahrt Mitterteich-Nord, dann auf der Staatsstraße 2169 nach Mitterteich bis zum Marktplatz fahren, von hier immer dem Zoigl nach | **Öffnungszeiten** Über den Zoiglkalender können die Ausschanktermine der einzelnen Zoiglstuben erfahren werden, am besten unter www.mitterteich.de oder unter www.zoiglbier.de. | **Tipp** Sehenswert sind das Ensemble am unteren Marktplatz rund um das historische Alte Rathaus aus dem Jahr 1731 und die Stadtpfarrkirche Sankt Jakob.

48 Das Zwischenlager

Wo Becquerel, Röntgen und Sievert Geiger zählen

Atomkraft ist ein Thema, das die Gesellschaft spaltet. Viele kennen die Bilder von Demonstranten, die an Bahngleise gekettet Castor-Transporte ins niedersächsische Zwischenlager Gorleben aufhalten wollten. Auch die heftigen Proteste in den 1980er Jahren gegen die geplante Wiederaufbereitungsanlage im oberpfälzischen Wackersdorf sind noch nicht vergessen. Vieles ist seitdem passiert. Die WAA wurde nicht gebaut, nach Fukushima wurde in Deutschland der Ausstieg aus der Kernenergie beschlossen, Gorleben wird kein Endlager. Doch wohin mit den ausgedienten Brennstäben und den Resten der abgerissenen Atommeiler?

Die Bundesländer sind gesetzlich verpflichtet, Sammelstellen zur Zwischenlagerung für radioaktive Abfallprodukte einzurichten, während die Bundesrepublik eine geeignete Endlagerstätte sucht. 1981 wurde dazu vom Freistaat die »Gesellschaft zur Behandlung radioaktiver Stoffe in Bayern (GRB)« gegründet, die zwei Zwischenlager eingerichtet hat, die Annahmestelle Süd am Helmholtz Zentrum in München-Neuherberg und die Sammelstelle Bayern im oberpfälzischen Mitterteich. Seit 1987 ist das Zwischenlager für schwach- und mittelradioaktive Stoffe am Fuße des Großen Teichelbergs in Betrieb und hat eine Restlaufzeit noch bis mindestens 2028. Hinter videoüberwachten Sicherheitszäunen und Stacheldraht, deren Anblick allein schon ein mulmiges Gefühl auslöst, werden zwei Arten von Atommüll gelagert. In zwei großen Lagerhallen stapeln sich ungefähr 15.000 Fässer mit Abfällen aus Nuklearmedizin, Forschung und Industrie sowie Müll aus den bayerischen Atommeilern Grafenrheinfeld, Gundremmingen, Isar 1 und Isar 2. Etwa 30 Transporte treffen pro Jahr per Lkw oder auf der Schiene in Mitterteich ein. Wann die Hinterlassenschaften aus dem Kernkraftzeitalter in ein Endlager verbracht werden können, ist ungewiss. Fest steht aber, dass die Geigerzähler noch sehr lange ausschlagen werden.

Adresse Birkigt 5, 95666 Mitterteich | Anfahrt A 93, Ausfahrt Mitterteich-Süd, dann im Gewerbegebiet Birkigt der Ludwig-Erhard-Straße folgen, nach links in die Straße Birkigt abbiegen und ihr bis zum Tor folgen | Öffnungszeiten nur von außen zu besichtigen | Tipp Das Museum Mitterteich für Porzellan, Glas und Handwerk lässt seine Besucher strahlen und sollte nicht verpasst werden.

49__Das Kräuterdorf

Wo für jeden ein Kraut gewachsen ist

Wer kennt den Duft von wildem Thymian? Wann sollte Schafgarbe geerntet werden? Welche heilende Wirkung haben Brennnesseln? Das 2014 eröffnete »Haus der Kräuter« mitten in Nagel gibt Antworten auf solche Fragen. Besucher erhalten dort einen ersten Einblick in die sagenhafte und faszinierende Welt der heimischen Kräuterpflanzen. Die Apotheke im Garten und auf der Wiese – die Erkenntnisse, die bereits im Hochmittelalter durch Hildegard von Bingen gewonnen wurden, erfahren heute in Zeiten von Stress, industrieller Landwirtschaft und massenhaftem Insektensterben eine Renaissance. Entschleunigung und zurück zur Natur, gesundes Leben von und mit ihr – das ist das Credo, welchem sich die Frauen von »Herberia«, die speziell ausgebildeten Kräuterfrauen aus Nagel, verschrieben haben. Ihr Angebot fiel auf fruchtbaren Boden. Uraltes Wissen über Wild-, Heil- und Gartenkräuter wird in vielfältigen Seminaren, Ausstellungen, Führungen oder Kochkursen in unsere moderne Zeit transportiert.

Im seit 2017 zertifizierten Genussort Nagel gibt es momentan drei wunderbar angelegte und gepflegte Themengärten, die bei freiem Eintritt Kräuter zu unterschiedlichen Aspekten präsentieren. Die Besucher des »Duft- und Schmetterlingsgartens« können ein ungeahntes Erlebnis für Augen, Nase und Ohren erfahren. Die Farbenpracht und die intensiv duftenden Pflanzen locken viele Insekten an. Das laute Summen an diesem reich gedeckten Tisch ist im Sommer eine Wohltat für alle Anwesenden. Wer möchte, kann es sich auf einer Thymianliege bequem machen. Die größte Fläche nimmt der nach Epochen gegliederte »Zeit- und Erlebnisgarten« ein, der die Bedeutung von Kräutern im Laufe der Menschheitsgeschichte näher beleuchtet. Der kleine traditionelle Bauerngarten im Ortsteil Reichenbach, der sich durch ein gekonntes Nebeneinander von Nutz- und Zierpflanzen auszeichnet, rundet das beeindruckende Erlebnis ab.

Adresse Kemnather Straße 3, 95697 Nagel-Wurmloh | **Anfahrt** A 93, Ausfahrt Marktredwitz-Nord, dann B 303 Richtung Bad Berneck, an der Ampelkreuzung in Tröstau nach links in Richtung Nagel abbiegen und der Staatsstraße 2665 bis zum Ortszentrum von Nagel folgen | **Öffnungszeiten** Das ganzjährige Programm ist unter www.kraeuterdorf-nagel.de einsehbar. | **Tipp** Der Nageler See mitten im Ort ist für vielseitige Freizeitgestaltung und zur Entschleunigung sehr zu empfehlen.

50 Die Hauptwasserscheide

Wo sich die Nordsee vom Schwarzen Meer trennt

Das Fichtelgebirge ist seit Jahrhunderten für seinen Wasserreichtum berühmt. Der klüftige Granit einerseits und die hohen Niederschläge andererseits lassen Quellen im sprichwörtlichen Überfluss entstehen. Der Creußener Chronist Magister Johann Will bezeichnete daher 1691 das Fichtelgebirge als »das Teutsche Paradeiß«. Der Zufall will es, dass hier vier Hauptflüsse auf vergleichsweise engem Raum ihren Ursprung haben, deren Oberlauf jeweils einer Haupthimmelsrichtung folgt. Der Weiße Main fließt vom Ochsenkopf ausgehend nach Westen, die sächsische Saale vom Großen Waldstein aus nach Norden, die Eger aus dem Schneeberggebiet nach Osten und die Fichtelnaab ebenfalls vom Ochsenkopf nach Süden. In den frühesten Beschreibungen des Fichtelgebirges ging man irrtümlicherweise noch davon aus, dass die vier Flüsse den Bereich des Fichtelseemoors als gemeinsames Quellgebiet haben.

Main, Saale und Eger münden über den Rhein beziehungsweise die Elbe in die Nordsee. Die Naab hingegen fließt zur Donau und damit ins Schwarze Meer. Denn quer durch das Fichtelgebirge verläuft die Europäische Hauptwasserscheide. Interessant sind aber auch die unzähligen Nebenflüsse und kleinen Bäche, die zum Einzugsgebiet der vier Hauptflüsse gehören. Rheinzuflüsse bildeten im Oberlauf eher enge und tiefe Täler wie das Maintal, Donauzuflüsse hingegen konnten mäandrieren und weite Talauen schaffen, so etwa das Naabtal. Ob schmal oder breit, hängt davon ab, wie weit das Meer von der Quelle eines Flusses entfernt ist. Je kürzer der Weg bis zum Meer, desto höher ist die Reliefenergie, also die Fähigkeit, tiefe Täler einzuschneiden. Gleiches gilt auch für die Nebenflüsse. So merkt man am Wurmlohpass den steilen Abfall nach Norden ins Tal der Röslau, einem Egerzufluss. In Richtung Nagel geht es dagegen gemächlich bergab, denn die kleinen Bäche dort wählen lieber den langen Weg zum Schwarzen Meer.

Adresse Wurmlohpass, 95697 Nagel-Wurmloh | **Anfahrt** A 93, Ausfahrt Marktredwitz-Nord, dann B 303 Richtung Bad Berneck, an der Ampelkreuzung in Tröstau nach links in Richtung Nagel abbiegen und auf der Staatsstraße 2665 bis zum Wurmlohpass fahren | **Tipp** Der 16 Kilometer lange Wanderweg und Erlebnispfad »Das Teutsche Paradeiß« rund um Nagel lohnt sich.

51 Der Viadukt

Wo einst der Orientexpress das Fichtelnaabtal überquerte

Beim Bau der Eisenbahnhauptlinie von Nürnberg nach Eger standen die Ingenieure in der zweiten Hälfte des 19. Jahrhunderts vor einer technischen Herausforderung: der Fichtelgebirgsquerung. Nach der Prüfung verschiedener Varianten baute man die Trasse schließlich am südlichen Gebirgsrand durch die Waldershofer Senke hindurch, die sich zwischen Fichtelgebirge und Steinwald befindet. Zwischen 1877 und 1879 wurde die zunächst eingleisige Strecke von Nürnberg bis Schirnding gebaut. Die Fertigstellung nach Eger erfolgte 1883.

Zwischen Immenreuth und der böhmischen Grenze waren zwei längere Tunnelbauten und drei Viadukte notwendig, von denen der 161 Meter lange und 42 Meter hohe Riglasreuther Viadukt, der bei Neusorg das enge Tal der oberen Fichtelnaab überquert, die größte Eisenbahnbrücke im Fichtelgebirge ist. Im August 1877 war das Bauwerk mit seinen beiden großen Stahlfachwerkkästen und dem hohen gemauerten Mittelpfeiler fertiggestellt. Beim zweigleisigen Ausbau der Strecke von Nürnberg bis Marktredwitz zwischen 1898 und 1900 musste auch der Viadukt verbreitert werden. Er erhielt dabei neben den bestehenden Tragwerken zwei neue, sogenannte »Fischbauchträger« aus Stahl, sodass man heute eine einzigartige Brücke vor sich hat, die aus zwei unterschiedlichen Trägersystemen besteht. Wer schwindelfrei ist, kann das Bauwerk sogar auf einem gesicherten Steg im Stahlfachwerk durchqueren. Das technische Denkmal überlebte den Zweiten Weltkrieg nur knapp, der geplanten Sprengung durch SS-Einheiten kam das Kriegsende zuvor.

In den 1920er Jahren verkehrte auf der Trasse auch der legendäre Orientexpress. Der Luxuszug von Paris über Nürnberg nach Prag steuerte auf einer Flügelstrecke regelmäßig die böhmischen Kurstädte Marienbad und Karlsbad an.

Adresse An der Bahnbrücke, 95700 Neusorg-Riglasreuth | Anfahrt A 93, Ausfahrt Marktredwitz-Nord, dann B 303 Richtung Bad Berneck, Ausfahrt Marktredwitz, ab hier der Staatsstraße 2177 über Waldershof und Pullenreuth nach Neusorg folgen, bei Weihermühle an der Abzweigung Neusorg/Ebnath nach rechts in die Staatsstraße 2181, nach etwa 500 Metern nach links abzweigen und bis zum Ende der Straße fahren (nur eingeschränkte Wendemöglichkeit!) | Tipp Die denkmalgeschützten Schlösser in den Neusorger Ortsteilen Riglasreuth und Schwarzenreuth sind sehenswert, wenn auch nur von außen zu bewundern, da sie in Privatbesitz sind.

52 Der verrückte Bahnhof

Was nicht passt, wird passend gemacht

Es ist ein trauriger Anblick, wenn man in die Bahnhofstraße von Pechbrunn einbiegt. Seit 2005 steht das Empfangsgebäude des ehemaligen Bahnhofs der Gemeinde ungenutzt und verkommt immer mehr. Die Bahn AG trennte sich aus wirtschaftlichen Gründen kurzerhand von der Immobilie.

Doch eigentlich ist der Pechbrunner Bahnhof nicht wirklich der Pechbrunner Bahnhof. Er wurde 1882 an der Eisenbahnstrecke Regensburg–Hof als Bahnstation Groschlattengrün auf dem Gemeindegebiet von Pechofen, wie der Ort bis 1962 hieß, errichtet. Zudem ist das unter Denkmalschutz stehende Haus streng genommen gar keine »Im-mobilie«. Denn im Jahr 1900 wurde damit eine ingenieurtechnische Meisterleistung vollbracht. Der Bahnhof stand nämlich dem zweigleisigen Streckenausbau im Weg, der 1894 begonnen hatte. Die Gleise konnten aufgrund des benachbarten Basaltwerks nicht verlegt werden. Doch ein Abriss des noch keine 20 Jahre alten Hauses kam für die verantwortlichen Planer nicht in Frage. Die Lösung lautete ebenso simpel wie genial »Translokation«: Das zweistöckige Gebäude sollte im Ganzen um etwa zehn Meter nach Norden versetzt werden! Es wurde zunächst von seinem alten Fundament abgesägt und mit Stahlträgern unterfangen. Im Anschluss hob man es um vier Zentimeter an und versetzte es langsam, Zentimeter für Zentimeter, über acht Gleitbahnen an seine neue Position, wo das Fundament bereits gelegt war. Das vollständige Translozieren dauerte zwei Tage, vom 30. bis zum 31. Oktober. Das besonders Kuriose an dieser einmaligen Aktion war, dass während des Verrückens der gesamte Bahnbetrieb im Gebäude weiterging. Der Schalter war besetzt, die Reisenden samt Gepäck wurden über Holzbohlen zum Zug gebracht, die Familie des Bahnhofsvorstehers wohnte weiterhin seelenruhig im ersten Stock. Sollte all dieser Aufwand umsonst gewesen sein? Dieser verrückte Bahnhof hat mehr verdient, als einfach nur abgeschoben zu werden!

Adresse Bahnhofstraße 3, 95701 Pechbrunn | Anfahrt A 93, Ausfahrt Pechbrunn, dann auf der Staatsstraße 2169 bis Pechbrunn fahren, nach rechts in die Hauptstraße abbiegen und bis zur Bahnhofstraße | Öffnungszeiten nur von außen zu besichtigen | Tipp Die Südflanke der Basaltkuppe Großer Teichelberg südlich von Pechbrunn ist ein streng geschütztes Naturwaldreservat mit Blockschuttwäldern und über 200 Jahre alten Bäumen.

53 Das Kunsthaus

KONSTRUKTIV und KONKRET!

Der Name Eugen Gomringer ist jedem literaturinteressierten Menschen ein Begriff. Der Schriftsteller mit bolivianischen und schweizerischen Wurzeln zählt zu den führenden Vertretern der deutschen Nachkriegsmoderne und zu den Begründern der »konkreten Poesie«, einer international ausgerichteten avantgardistischen Strömung der experimentellen Dichtung. Sprachliche Elemente, also Wörter, Silben oder einzelne Buchstaben, stehen konkret für sich als Inhalt, und ihre funktionale Bedeutung ist auf ihre Kernaussage reduziert, vollständige Sätze sind nicht notwendig, ja überflüssig. Man kann dabei die Vorstellung von einer maximal möglichen Ver-Dichtung von Sprache haben. Generationen von Schülern kennen wohl mindestens eine Vers-Konstellation von Eugen Gomringer, sei es »Schweigen«, »Mensch« oder ein Abschnitt aus dem berühmten »Stundenbuch«.

Den gelehrten Künstler, der zeit seines Lebens auch zahlreiche Werke konkreter Kunst sammelte, zog es in den 1960er Jahren ins Fichtelgebirge, wo er über viele Jahre für Philip Rosenthal als Kulturbeauftragter und Leiter des Kulturbeirats im Selber Porzellankonzern arbeitete. In seinem Wohnort Rehau wurden Gomringers Sammlerstücke schließlich der Öffentlichkeit zugänglich gemacht. Aus dem ehemaligen Schulhaus neben der Stadtkirche wurde das »Kunsthaus Rehau«. Die Künstlerfamilie gründete dort im Jahr 2000 das IKKP, das Institut für konstruktive Kunst und konkrete Poesie. In der Galerie des Hauses werden mehrmals im Jahr Ausstellungen abgehalten. Auch das einzigartige und umfassende Archiv von Eugen Gomringer ist hier untergebracht und steht allen an konkreter Kunst und Literatur interessierten Menschen auf Anfrage zur Verfügung. Der Raum »Poema« und der wunderschön angelegte Skulpturengarten mit Werken von Max Bill, Otto Herbert Hajek oder Heinz-Günter Prager ergänzen diesen bedeutenden Hort konstruktiver Kunst in Deutschland.

Adresse Kirchgasse 4, 95111 Rehau, www.kunsthaus-rehau.de | **Anfahrt** A 93, Ausfahrt Rehau-Süd, dann der B 289 beziehungsweise der Ascher Straße Richtung Innenstadt folgen, links auf die Ludwigstraße abbiegen und über den Maxplatz und die Friedrich-Ebert-Straße fahren, links in die Kirchgasse abbiegen und ihr zum Kunsthaus Rehau folgen | **Öffnungszeiten** Mi–Sa 14–18 Uhr | **Tipp** Die sehenswerte evangelische Stadtpfarrkirche Sankt Jobst liegt dem Kunsthaus konkret gegenüber.

54 _ Die Modellstadt

Auferstanden aus Ruinen

Es muss ein Inferno apokalyptischen Ausmaßes gewesen sein, welches Rehau am 6. September 1817 heimgesucht hat. Fast die gesamte Stadt wurde durch eine verheerende Brandkatastrophe völlig zerstört. Der dritte große Stadtbrand nach 1512 und 1763 vernichtete binnen drei Stunden über 160 Wohnhäuser und Nebengebäude sowie 300 Scheunen mitsamt der darin befindlichen Jahresernte. Die Feuerwalze breitete sich aufgrund eines starken Ostwinds, eng beieinanderstehender Gebäude und leicht entzündlicher Baumaterialien rasant aus. Auch die Stadtkirche, das Pfarrhaus, das Rathaus sowie das Landgericht, insgesamt über 80 Prozent aller Gebäude, wurden ein Raub der Flammen.

Den von 1818 bis 1824 dauernden Wiederaufbau koordinierte der von der bayerischen Regierung beauftragte Johann Wilhelm Baumann aus der benachbarten Stadt Hof. Ihm gelang die Durchführung eines einzigartigen Städtebaukonzepts. Rehau sollte als eine dem Zeitgeist entsprechende Idealstadt und nach modernsten Brandschutzanforderungen neu errichtet werden. Dazu gehörte ein schachbrettartiger, symmetrischer Grundriss mit breiten, schnurgeraden Achsen und im rechten Winkel dazu verlaufenden Querstraßen. Die Häuser, die sich um einen offenen, zentralen Platz in der Stadtmitte gruppieren, sollten einheitlich aussehen und parallel zur Straße verlaufende Dachtraufen haben. Außerdem waren alle Neubauten komplett aus Stein und mit integrierten Brandschutzmauern zu errichten. Das erste damals neu gebaute Haus steht in der Gartenstraße 6, an der Ecke Pfarrstraße. An diesem Gebäude waren alle künftigen Häuser auszurichten. So wie in der Modellstadt Rehau realisiert, sollten künftig alle bayerischen Städte im Falle einer Brandkatastrophe wieder aufgebaut werden, doch nur dort wurde dieser phänomenale Entwurf von Johann Baumann umgesetzt. Und sogar Goethe lobte bei einem Besuch Rehaus 1821 das neue Stadtbild in den höchsten Tönen.

Adresse Maxplatz, 95111 Rehau | Anfahrt A 93, Ausfahrt Rehau-Süd, dann der B 289 beziehungsweise der Ascher Straße Richtung Innenstadt folgen, links auf die Ludwigstraße abbiegen und bis zum Maxplatz fahren | Tipp Das Museumszentrum Rehau am Maxplatz gibt vielfältige Einblicke in die Rehauer Stadt- und Regionalgeschichte und informiert über den aus dem Ortsteil Wurlitz stammenden Dr. Hans Vogt, den Miterfinder und Pionier des Tonfilms.

55_Das Kartoffeldenkmal

Wo die tolle Knolle zuerst nach Deutschland kam

Jeder kennt sie, und der Gaumenfreuden zugeneigte Jean Paul vergötterte sie regelrecht: Die Kartoffel gehört weltweit zu den wichtigsten Grundnahrungsmitteln und steht auch bei uns in Deutschland in irgendeiner Form nahezu täglich auf dem Speiseplan. Die oft als Erdapfel bezeichnete Knolle aus der Familie der Nachtschattengewächse stammt aus dem Andenhochgebirge in Südamerika und gelangte im 16. Jahrhundert über die spanischen Kolonialherren nach Europa.

Dem Preußenkönig Friedrich dem Großen wird immer wieder nachgesagt, er hätte das wundersame Gemüse in Deutschland etabliert. Das mag sein. Doch als der Alte Fritz ab 1746 seine historischen »Kartoffelbefehle« zur Förderung des flächenmäßigen Kartoffelanbaus in den preußischen Provinzen erließ, wuchsen sie bereits seit fast 100 Jahren im Dorf Pilgramsreuth bei Rehau im Fichtelgebirge. 1647, gegen Ende des Dreißigjährigen Krieges, brachte der dort ansässige Bauer Hans Rogler die noch unbekannten Knollen von einem Verwandtenbesuch im nahe gelegenen böhmischen Roßbach, tschechisch Hranice, mit nach Hause. Angeblich waren die Erdäpfel durch holländische Soldaten bis nach Böhmen gelangt. Rogler versuchte zusammen mit anderen Pilgramsreuther Bauern sein Glück, und der erste systematische Anbau der neuen Feldfrucht gelang. Die sehr genügsamen Knollen gediehen auf den kargen Böden im kühlen Fichtelgebirge bestens. Wie erfolgreich dieser Anbau war, zeigt sich an der Dorfkirche, die mit Hilfe des Kartoffelzehnts immer prunkvoller ausgeschmückt werden konnte. Der Preußenkönig kam wohl bei einem Besuch bei seiner Schwester, der Bayreuther Markgräfin Wilhelmine, 1743 erstmals in Kontakt mit dem edlen Gewächs, und er erkannte schnell die Bedeutung dieser Pflanze für die Grundversorgung der Bevölkerung und zur Vorbeugung von Hungersnöten. Dumme Bauern waren sie jedenfalls nicht, weder Friedrich der Große noch Hans Rogler.

Adresse Kirchplatz, 95111 Rehau-Pilgramsreuth | Anfahrt A 93, Ausfahrt Rehau-Süd, dann der B 289 beziehungsweise der Ascher Straße Richtung Innenstadt folgen, links auf die Ludwigstraße abbiegen und über den Maxplatz und die Friedrich-Ebert-Straße fahren, links in die Kirchgasse abbiegen und weiter der Pilgramsreuther Straße bis zum Pilgramsreuther Kirchplatz folgen | Tipp Die Dorfkirche Sankt Erhard von Pilgramsreuth zählt mit ihrer reichen Innenausstattung zu den schönsten in ganz Deutschland.

56__Der Wasserfall

Wo man das Element immer wieder spüren kann

Das Fichtelgebirge ist seit dem Hochmittelalter ein Wirtschafts- und Kulturraum. Die raue Natur wurde den Bedürfnissen des Menschen angepasst, davon zeugten über die Jahrhunderte hinweg mehrere Rodungsphasen oder auch große Moortrockenlegungen. Im Zuge der Industrialisierung wurden auch die zahlreich vorhandenen natürlichen Wasserläufe umgeleitet oder gestaut. Daran erinnert in Röslau der Natur-Kultur-Erlebnispfad »Landschaft mit Gebrauchsspuren« (grüner Kreis auf weißem Grund), welcher durch das Egertal und an den Eger-Auen entlangführt. Beim Wandern durch den westlich des Ortes gelegenen Thuswald ahnt man nicht, dass sich direkt über der gemächlich dahinfließenden Eger inmitten großer Granitblöcke das Gerinne eines wildromantischen, aber dennoch künstlich angelegten Wasserfalls versteckt.

Für den Unternehmer Oskar Böttcher war dieser sicherlich nur ein notwendiger Nebeneffekt, als er Ende des 19. Jahrhunderts seine neue Papierfabrik im Ortsteil Thusmühle errichtete. Den wilden Oberlauf des noch jungen Flusses Eger ließ er an seiner engsten Stelle zähmen und das Wasser über einen zweieinhalb Kilometer langen Kanal zu seiner Fabrik umleiten, um dort mit einer Turbine Strom zu erzeugen. Durch den Überlauf des Kanals gelangte das Wasser dann zurück in das ursprüngliche Flussbett. Mit zwei Stufen und einer Fallhöhe von insgesamt 28 Metern wurde so der Thusfall, der höchste künstliche Wasserfall des Fichtelgebirges, geschaffen. Dieses elementare Schauspiel erlangte bald einen überregionalen Bekanntheitsgrad, sodass in den 1920er Jahren eine kleine Naturbühne am Wasserfall entstand und Tausende Menschen zu den dort stattfindenden Operettenfestspielen strömten.

Naturbühne, Festspiele und Fabrik gehören längst der Vergangenheit an, aber der Wasserfall wird jedes Jahr am Pfingstsonntag anlässlich des Thusfestes geflutet, und ein lautes, donnerndes Rauschen durchzieht das Egertal.

Adresse Oskar-Böttcher-Straße, 95195 Röslau-Thusmühle | **Anfahrt** A 93, Ausfahrt Thiersheim, dann der Staatsstraße 2180 Richtung Weißenstadt folgen, nach dem Ort Röslau rechts Richtung Bödlas/Thusmühle abbiegen und bis zur Egerbrücke fahren, links in die Oskar-Böttcher-Straße abbiegen und ihr bis zur Fabrikruine folgen | **Tipp** Der Zwölfgipfelblick nördlich von Röslau bietet als geografischer Mittelpunkt des Fichtelgebirges ein hervorragendes Rundum-Panorama.

57 Das Grenzmuseum

Haben Sie etwas zu verzollen?

Grenzorte haben einen eigenwilligen und tristen Charme, nämlich den des unpersönlichen, lauten und schnellen Durchgangsverkehrs. Man will sich dort nur so lange wie unbedingt nötig aufhalten und die Kontrollstation nebst Zollabfertigung möglichst schnell hinter sich bringen.

Das oberfränkische Schirnding ist ein bedeutender, historisch gewachsener Grenzort. Es liegt am Schirndinger Pass, der eine natürliche West-Ost-Verbindung vom Fichtelgebirge hinein ins Egerland bildet. Bereits seit dem Mittelalter liefen wichtige Handelsstraßen hier hindurch, etwa von Nürnberg nach Eger oder von Frankfurt am Main nach Prag. Der rege Handel zwischen Böhmen und den hohenzollerischen Gebieten Frankens führte 1572 zur Errichtung einer Zollstation. Aber Schirnding hatte auch unter der Grenzsituation zu leiden, sei es durch vorbeiziehende Heere während des Dreißigjährigen Krieges oder durch Staus und stundenlange Wartezeiten in den Jahren nach der Wende von 1989. Während des Kalten Krieges blieb der wichtige Grenzübergang in die ČSSR für Straße und Schiene bestehen, und trotz aller ideologischen Unterschiede arbeiteten die bayerischen und tschechischen Beamten stets gut zusammen. Besonders bemerkenswert und bewegend waren die Ereignisse im November 1989 mit bis zu 30 Kilometer langen Autoschlangen und zigtausend ausreisewilligen DDR-Bürgern.

An die jahrhundertealte Tradition als Zollstandort, an tragische Grenzzwischenfälle und an kuriose Schmuggel- und Schleusergeschichten will das 2007 eingerichtete Bayerische Grenzmuseum in Schirnding erinnern. Zahlreiche, zum Teil mehr als 100 Jahre alte Dokumente und Artefakte erzählen die spannende und wechselvolle Geschichte eines alles andere als tristen Ortes. Beleuchtet werden dabei auch aktuelle Herausforderungen an der bayerisch-tschechischen Grenze wie die Bekämpfung des Schmuggels von synthetischen Drogen.

Adresse Egerstraße 53 (voraussichtlich ab 2020 in der Hauptstraße 15), 95706 Schirnding, www.grenzmuseum-schirnding.de | **Anfahrt** A 93, Ausfahrt Marktredwitz-Nord, dann B 303 Richtung Bundesgrenze, kurz vor dem Grenzübergang links zum Museum abbiegen; ab 2019 B 303 Ausfahrt Schirnding, der Staatsstraße 2178 beziehungsweise der Hohenberger Straße bis ins Ortszentrum folgen, am Rathaus rechts in die Hauptstraße zum neuen Gemeindezentrum abbiegen | **Öffnungszeiten** April–Nov. So 14–16 Uhr, Gruppenführungen nach Voranmeldung (Tel. 09231/7587) | **Tipp** Das historische Brunnenhaus des Buchbrunnens hinter dem Schirndinger Ameisenbühl steht im einstigen Dreiländereck Bayern–Preußen–Böhmen direkt auf der deutsch-tschechischen Staatsgrenze.

58 Das Comicmuseum

Krächz! Schepper! Zack! Bumm! Seufz!

Wer wissen will, wo die wunderbare Welt Entenhausens wirklich zu Hause ist, der bekommt von eingefleischten Donaldisten und Micky-Maus-Fans eine klare Antwort: in Oberfranken! Und das ist zweifelsohne richtig. Denn in Schwarzenbach an der Saale lebte über 50 Jahre lang Dr. Erika Fuchs, die Chefredakteurin von »Micky Maus«. Zwischen 1951 und 1988 war die promovierte Kunsthistorikerin für die Übersetzung der lustigen Comicgeschichten aus Entenhausen ins Deutsche verantwortlich. Dabei nahm sie sich auf einzigartige Weise die Freiheit, den Figuren eine eigene Sprache zu verleihen, die die Gattung »Comic« nachhaltig aufwertete und als eigenständige Kunstform etablierte.

Donald, Micky und ihre Freunde bekamen das große Sprachtalent und den wunderbaren Wortwitz von Erika Fuchs mit in die Sprechblasen, mit denen Generationen von jungen und jung gebliebenen Menschen aufgewachsen sind. Am bekanntesten sind ihre lautmalerischen Wortschöpfungen und der liebevoll als »Erikativ« bezeichnete Inflektiv – wie zum Beispiel das Wort »seufz« –, der heute aus dem Sprachalltag nicht mehr wegzudenken ist. Mit augenzwinkernder Hingabe wurden Ortsnamen aus dem Fichtelgebirge in die Entenhausen-Geschichten eingebaut. So hält der Zug von Micky und Goofy schon mal in Groschlattengrün, oder Donald macht Urlaub am Fichtelsee.

Nach dem Tod von Erika Fuchs im Alter von 98 Jahren im Jahr 2005 entstand die Idee, in Schwarzenbach an der Saale das erste Museum in Deutschland für Comic und Sprachkunst zu bauen. 2015 wurde das »Erika-Fuchs-Haus« eröffnet, ein Ort, der keine Langeweile zulässt. Besucher können hier interaktiv in die bunte Welt von Entenhausen eintauchen, etwa in ein Talerbad bei Onkel Dagobert, oder aber kreativ tätig sein und nach dem Vorbild von Erika Fuchs selbst Wortneuschöpfungen ausprobieren oder in einem raumhohen Comic das Leben der genialen Übersetzerin nachlesen.

Adresse Bahnhofstraße 12, 95126 Schwarzenbach an der Saale, www.erika-fuchs.de | **Anfahrt** A 93, Ausfahrt Rehau-Süd, dann B 289 bis Schwarzenbach, an der Abzweigung Schwarzenbach/Oberkotzau zweimal rechts abbiegen und über die Hofer Straße ins Stadtzentrum fahren, über die Ludwigstraße und die Saalebrücke zum Erika-Fuchs-Haus | **Öffnungszeiten** Di–So 10–18 Uhr | **Tipp** Ganz in der Nähe des Erika-Fuchs-Hauses kann man von der Saalebrücke aus das Denkmal für Emil Erpel, den Gründer von Entenhausen, bewundern. Die im Wasser stehende Figur aus 250 Jahre altem Eichenholz wurde vom Schwarzenbacher Künstler Jochen Strobel geschnitzt.

59 Die größte Kaffeekanne

Porzellanweltrekord made in Selb

Wer nach Selb kommt, könnte sich wie der legendäre Gulliver auf seiner Reise ins Land der Riesen fühlen. Das Stadtgebiet wird an verschiedenen Stellen durch im wahrsten Wortsinn großartiges Geschirr im XXL-Format geschmückt. Viele wissen, dass sich darunter die größte Porzellankaffeekanne der Welt befindet. Doch einige gehen irrtümlicherweise davon aus, dass es sich dabei um die Kanne im Kreisverkehr nahe der Autobahnausfahrt Selb-Nord handelt, die die Besucher der Weltstadt des weißen Goldes willkommen heißt. Doch das bauchige blaue Gefäß, das die Erdkugel darstellt, deren Kontinente aus Porzellantellern und -tassen bestehen, ist eine formschöne Teekanne. Vielleicht ist sie sogar die größte der Welt, doch die definitiv größte Kaffeekanne aus Porzellan steht in der Stadt, und zwar gegenüber der Staatlichen Berufsfachschule für Produktdesign in der Weißenbacher Straße.

Dort wurde sie – wie übrigens auch die Teekanne im besagten Kreisverkehr – entworfen. Der eleganten Kanne, die vom Boden bis zum Deckelgriff 4,85 Meter misst und einen Durchmesser von 2,50 Meter aufweist, merkt man ihre 400 Kilogramm Gewicht kaum an.

Das schlanke Design orientiert sich an einer historischen Kaffeekanne aus den 1930er Jahren. Sage und schreibe 60.000 Tassen Kaffee hätten in dem 1994 gefertigten Rekordbehälter Platz. Im statistischen Durchschnitt konsumiert jeder Deutsche im Laufe seines Lebens etwa 77.000 Tassen des koffeinhaltigen Heißgetränks, also 28 Prozent mehr als eine volle Selber Kanne. Wahrscheinlich steht das übergroße Porzellanmachwerk genau deshalb schräg gegenüber und in Sichtweite des Klinikums: um dessen Patienten vor schlimmen Herzbeschwerden zu warnen, die dadurch ausgelöst werden können, dass man mehr trinkt, als in eine Kanne passt. Diese schlaue Art von Gesundheitsvorsorge seitens der Porzellanindustrie dürfte ebenfalls weltweit einmalig sein …

Adresse Kreuzung Weißenbacher Straße / Professor-Fritz-Klee-Straße, 95100 Selb | Anfahrt A 93, Ausfahrt Selb-West, dann der Staatsstraße 2171 beziehungsweise der Weißenbacher Straße bis zur Kaffeekanne gegenüber dem Klinikum Selb folgen | Tipp Jedes Jahr am ersten Augustwochenende wird in der Selber Innenstadt Europas größter Porzellanflohmarkt abgehalten – ein Muss für alle Liebhaber des weißen Goldes.

60 Das kleinste Hochhaus

Warum nüchtern, wenn es auch extravagant geht?

Die Werbebranche verhält sich naturgemäß selten leise und zurückhaltend. Man muss einfach auffallen, sonst bleibt das Geschäft auf der Strecke – altes Kaufmannsgesetz. Die Selber Firma Andres ist seit 1982 ein überaus erfolgreicher Spezialist für Werbebotschaften auf Einkaufswägen in Supermärkten. Jedermann kennt die informierenden Kunststoffrahmen, die allerorten an den scheppernden Konsumrollatoren angebracht sind. Die Firma selbst besitzt für Promotionszwecke den größten Einkaufswagen der Welt, ein 3,80 Meter hohes Drahtgestell mit 6.800 Litern Rauminhalt.

Doch ein wahrer Blickfang ist die Selber Geschäftszentrale des Werbeunternehmens: der Andres-Turm. Firmengründer Klaus Grünling ließ sich beim Planen von den mittelalterlichen Geschlechtertürmen inspirieren, wie man sie zum Beispiel aus San Gimignano in der Toskana oder in kleinerer Form aus der Altstadt von Regensburg kennt. Bei der architektonischen Umsetzung des 2004 eröffneten Bürogebäudes kamen lustig verspielte Elemente wie geschwungene Balkonbrüstungen, Dachabrundungen und eine kunterbunt abgesetzte Fassade hinzu, die dem Stil des weltberühmten katalanischen Künstlers Antoni Gaudí nachempfunden sind. Bei weiteren Umgestaltungen wurde die Fassade farblich neu konzipiert und zudem mit Tausenden Mosaikplättchen aus Porzellan versehen. Interessant ist die Raumaufteilung im Inneren des Andres-Turmes: Ein zentrales, schneckenförmiges Treppenhaus verbindet in dem in Split-Level-Bauweise errichteten Haus sogenannte Dritteletagen miteinander, insgesamt 17 Ebenen. Bei einer Gebäudegesamthöhe von 21,5 Metern und darin verbauten 17 Etagen könnte man somit vom kleinsten Bürohochhaus der Welt sprechen. Zumindest gehört der Andres-Turm mit seinem eigenwilligen, extravaganten Design zu den ungewöhnlichsten Geschäftsgebäuden in der Region. Warum auch nicht? Nur wer wagt, gewinnt – altes Kaufmannsgesetz eben.

Adresse Grafenmühlweg 32, 95100 Selb | **Anfahrt** A 93, Ausfahrt Selb-West, dann der Staatsstraße 2171 beziehungsweise der Weißenbacher Straße bis zum Marienplatz folgen, weiter geradeaus die Marienstraße entlang bis zum Sparkassenplatz, geradeaus auf die Schillerstraße, die zweite Straße links und sofort wieder rechts in den Grafenmühlweg abzweigen und bis zum Andres-Turm | **Öffnungszeiten** Der Büroturm ist in erster Linie von außen zu besichtigen, da es sich um ein reines Geschäftsgebäude handelt. | **Tipp** Zur Selber Kunstnacht strömen jedes Jahr Tausende kulturbegeisterte Fans in die Porzellanstadt und machen die Nacht zum Tag. Auch der Andres-Turm ist dann öffentlich zugänglich.

61 Die Künstlerfassaden

Einfach dreifach gute Kunst am Bau

Seit Jahrzehnten gestalten auch namhafte internationale Künstler das Design von Rosenthal-Porzellan mit. Dazu zählten illustre Persönlichkeiten wie Salvador Dalí, Niki de Saint Phalle oder Gianni Versace. Philip Rosenthal war es ein zentrales Anliegen, Kunst von Weltrang allen Menschen nahezubringen, und er hatte dabei ein sehr sensibles Gespür. Nicht nur das Porzellan wurde meisterhaft gestaltet – das verstand sich von selbst –, nein, auch die Konzerngebäude wurden fest in den Kreativprozess miteingebunden und bieten in Selb ein beispielhaft schönes Gesamtensemble. So erstrahlt der alte Verwaltungsbau der Rosenthal AG seit 1973 in freundlichen Regenbogenfarben – ein Werk von Otto Piene, dem Mitbegründer der bedeutenden Künstlergruppe ZERO. Piene wurde nicht zuletzt durch seine Regenbogeninstallation bei der Abschlussfeier der Olympischen Spiele in München bekannt. Das Wandbild am »Regenbogenhaus« ist fast 200 Meter lang und 18 Meter hoch.

Zwischen Pienes knalligen, politisch motivierten Regenbögen und dem heutigen Rosenthal Outlet Center befindet sich eine 1983 von Friedensreich Hundertwasser gestaltete Fabrikfassade. Der an sich eher triste und streng wirkende Betonkomplex wurde vom Künstler aufgelockert und unter anderem mit Bäumen und Sträuchern bepflanzt. Die Natur erhielt so wieder einen Raum zurück, der ihr zuvor von Menschenhand weggenommen worden war, eine sicher ungewöhnliche Form der Dachbegrünung, denn die Bäume haben mittlerweile ein stattliches Ausmaß erreicht.

1987 wurde südlich des Regenbogenhauses vom Designer und Architekten Marcello Morandini die 64 Meter lange »Spiegelhaus«-Fassade an der neuen Rosenthal-Hauptverwaltung geschaffen. Der zu den bedeutendsten Vertretern der konstruktiven Kunst zählende Norditaliener verwendete dabei klare, sich wiederholende geometrische Rechteck- und Rhomboidformen mit einer spiegelnden Oberfläche.

Adresse Philip-Rosenthal-Platz 1, 95100 Selb | Anfahrt A 93, Ausfahrt Selb-Nord, im zweiten Kreisverkehr (große Teekanne) nach rechts in die Hofer Straße abbiegen, im Verlauf nach links in den Christian-Höfer-Ring und nach der Bahnunterführung rechts in die Ascher Straße abbiegen und bis zu den Künstlerfassaden fahren | Tipp Erstklassige Schauspielkunst und Unterhaltung wird im Rosenthal-Theater in der Hohenberger Straße geboten.

62 Die Lebkuchen Bill Clintons

Gebäck, bei dem das Weiße Haus schwach wurde

Weihnachtszeit – Lebkuchenzeit. Kaum jemand kann der süßen Köstlichkeit aus Mandeln, Nüssen und feinen Gewürzen widerstehen. Bereits im Spätsommer werden die ersten Paletten mit Lebkuchen in den verschiedensten Sorten in Deutschlands Supermärkten gestapelt: rund oder eckig, mit oder ohne Glasur, glutenfrei oder echt.

Einen Hersteller wird man beim Angebot von Nullachtfünfzehn-Industrielebkuchen vergeblich suchen: Seit 1928 ist die Konditorei Hatzel eine feste Adresse in der oberfränkischen Porzellanstadt Selb. Hier wird beim Lebkuchenmachen noch großer Wert auf echte Handarbeit gelegt. Die Rezeptur für Hatzels Premium-Elisenlebkuchen stammt von Firmengründer Lorenz Hatzel und wird nun schon in dritter Generation von seinen Enkeln wie ein Staatsgeheimnis gehütet. Nur feinste und erlesene Zutaten dürfen in den Teig, auf Konservierungsstoffe oder künstliche Aromen wird bewusst verzichtet. Die ausgezeichneten Lebkuchen werden als reines Saisonprodukt zwischen Juli und Dezember hergestellt und gehören europaweit zum Feinkostsortiment renommierter Kaufhäuser wie dem KaDeWe in Berlin oder Harrods in London.

Doch auch im fernen Amerika ist Hatzel kein unbekannter Name. Der wohl berühmteste Liebhaber der leckeren Lebkuchen aus dem Fichtelgebirge ist der 42. Präsident der Vereinigten Staaten, Bill Clinton. Der Staatsmann bekam das vorzügliche German Gingerbread von einem Studienkollegen geschenkt, der von Clintons Neigung zu Süßigkeiten wusste. Dessen Freundin aus Selb schickte dann ein Päckchen mit Hatzel-Lebkuchen. Seitdem wurde das Weiße Haus regelmäßig mit süßer Weihnachtspost beliefert. Ob der Präsident das feine Naschwerk mit seiner Praktikantin im Oval Office teilte oder seine Frau Hillary auch etwas abbekam, bleibt ein Washingtoner Geheimnis.

Adresse Ludwigstraße 32, 95100 Selb, www.hatzel-lebkuchen.de | **Anfahrt** A 93, Ausfahrt Selb-West, dann Staatsstraße 2171 beziehungsweise Weißenbacher Straße bis zum Marienplatz, weiter geradeaus die Marienstraße entlang bis zum Sparkassenplatz, nach rechts in die Bahnhofstraße abbiegen, die nächste links in die Ludwigstraße einbiegen und bis zur Konditorei | **Öffnungszeiten** Mo – Fr 7 – 18 Uhr, Sa 7 – 15 Uhr, So 8 – 12 Uhr | **Tipp** In Selb finden alljährlich die traditionellen und international renommierten Grenzlandfilmtage statt.

63 Das Porzellangässchen

Wo man teures Pflaster betritt

In Selb dreht sich fast alles um das weiße Gold. Am Rathaus ertönt täglich das Porzellanglockenspiel, die Porzellanbrunnen plätschern in formschön gefassten Becken, die Selber Stadtgeschichte findet sich bildgewaltig an einer Häuserfassade – auf Porzellanfliesen selbstverständlich. Ja, sogar einige Straßenschilder sind aus dem Material, welches sonst im Küchenschrank seinen Platz hat.

Porzellan und nochmals Porzellan: Es ist so allgegenwärtig, dass kurzzeitiger Schwindel einsetzen möchte. Man kann dann froh und dankbar sein, festen Boden unter seinen Füßen zu wissen. Doch beim Blick nach unten kommt beinahe Panik auf, denn man steht hier sogar im wahrsten Wortsinn auf Porzellan!

In der Selber Fußgängerzone wurde eine schmale Gasse, die die Ludwigstraße mit dem Gerbergässchen verbindet, mit einem Mosaik aus zigtausend farbigen Porzellanteilen kunstvoll ausgelegt. Sogar die Kanaldeckel wurden dabei nicht ausgespart und dürften wahrscheinlich ob ihrer Einzigartigkeit die teuersten der Welt sein.

Der edle Straßenbelag beginnt in zartem Rot und Lindgrün und wechselt dann über zu Blau und Weiß. Wie ein Teppich überzieht er den Weg und fließt Fliese um Fliese teilweise sogar etwas die Hauswände hoch. Beim Flanieren über das teure Pflaster kommt angesichts der exotisch verspielten geometrischen Muster ein Hauch Orientstimmung auf. Die Porzellanteile sind auf der Basis von Industriekeramik angefertigt worden, wie man sie etwa bei der Herstellung von Isolatoren verwendet. Sie sind daher sehr robust, sodass man in Selb tatsächlich ohne schlechtes Gewissen Porzellan mit Füßen treten kann. Die unzähligen Plättchen mussten sehr aufwendig per Hand verlegt werden.

Selb und Porzellan, das ist eine Symbiose, die seit Jahrhunderten allen Krisen zum Trotz funktioniert. Es bedarf nur immer wieder neuer Lösungswege, das Porzellangässchen ist ein einmalig schöner.

Adresse Porzellangässchen, 95100 Selb | **Anfahrt** A 93, Ausfahrt Selb-West, dann der Staatsstraße 2171 beziehungsweise der Weißenbacher Straße bis zum Marienplatz folgen, weiter geradeaus die Marienstraße entlang bis zum Sparkassenplatz, nach rechts in die Bahnhofstraße abbiegen, die nächste links in die Ludwigstraße einbiegen, bei Hausnummer 18 rechts zu Fuß in das Porzellangässchen | **Tipp** In Selb sollte man dem »Roten Faden« folgen. Er führt die Besucher der Innenstadt zu zahlreichen Kunst- und Kulturdenkmälern des Porzellanzentrums.

64 Das Porzellanwerk

Meisterwerk des Industriebaus von Walter Gropius

Sie waren Brüder im Geiste: Philip Rosenthal brachte Weltkunst in das Leben der Menschen, Walter Gropius versöhnte die vermeintlichen Gegensätze Handwerk und Industrie und später Kunst und Technik miteinander. Es ist kein Wunder, dass sich der sozial engagierte Porzellankonzernchef und der weltberühmte Architekt, Menschenfreund und Begründer des legendären Bauhauses irgendwann treffen mussten. Dies geschah spät, aber nicht zu spät, in den 1960er Jahren. Die expandierende Firma Rosenthal brauchte eine neue Fabrikationsstätte, sie sollte am Rothbühl in Selb entstehen. Doch es konnte nicht einfach irgendeine Fabrik gebaut werden. Allein der Begriff »Fabrik« galt bei Rosenthal als negativ, abweisend, zu mechanisch. Es musste ein Porzellan-»Werk« sein, ein Gebäude für Menschen, die darin Schönes herstellen. Diesen Auftrag nahm 1965 das von Walter Gropius 1946 gegründete Büro TAC – The Architects Collaborative – unter dessen Leitung an.

Gropius' Spät-Werk aus genormten Stahlbetonfertigteilen entstand in Skelettbauweise. Wie bei einem Baukasten wurden für die 240 mal 100 Meter große Produktionshalle zunächst die tragenden Stützelemente, die T-förmigen sogenannten »Gropius-Hämmer«, vorgefertigt und in einem Rasterfeld mit der Abmessung zehn mal zehn Meter aufgestellt. Die Längs- und Querträger konnten dann problemlos eingebaut und das Flachdach daraufgesetzt werden. Nach wenigen Wochen stand der Rohbau. Das 1967 eröffnete Porzellanwerk mit modernsten Produktionsanlagen schrieb wegen seiner bis ins Detail durchdachten Konzeption Architekturgeschichte. Es gilt als viel gelobtes Vorbild für den Industriebau und steht unter Denkmalschutz.

Produziert wird im Porzellanwerk am Rothbühl nach wie vor. Der 86-jährige Grandseigneur Gropius entwarf für Rosenthal kurz vor seinem Tod 1969 noch das legendär gewordene TAC-Teeservice – formvollendet, nicht mehr, aber auch nicht weniger.

Adresse Geheimrat-Rosenthal-Straße 71, 95100 Selb | Anfahrt A 93, Ausfahrt Selb-Nord, im zweiten Kreisverkehr (große Teekanne) nach rechts in die Hofer Straße abbiegen, im Verlauf nach links in den Christian-Höfer-Ring und vor der Bahnunterführung links in die Geheimrat-Rosenthal-Straße einbiegen und ihr bis zum Porzellanwerk folgen | Öffnungszeiten nur von außen zu besichtigen | Tipp Das Rosenthal Outlet Center am Philip-Rosenthal-Platz bietet ein umfassendes Warenangebot aus der Weltstadt des Porzellans in stilvollem Werkambiente.

65 Das Rosenthal Casino

Zu Gast in Deutschlands ältestem Design-Hotel

Das Rosenthal Casino in Selb ist ein Ort, der einerseits Firmengeschichte förmlich atmet, der aber andererseits auch Kunst, Ess- und Wohnkultur gleichermaßen zusammenführt. Die 1912 im Jugendstil erbaute Villa ging 1930 in den Besitz des Porzellanherstellers Rosenthal über. Nach dem Zweiten Weltkrieg kam zum bestehenden Restaurant ein Hotelbetrieb hinzu, und das Casino diente fortan als repräsentatives Gästehaus des Unternehmens. Der legendäre Firmenchef Philip Rosenthal legte selbst Hand an die Konzeption des Gebäudes, das stetig erweitert und ab den 1970er Jahren einer breiten Öffentlichkeit zugänglich gemacht wurde. Rosenthals Credo »Kunst leben und erleben« findet sich in jedem Winkel des Hauses, das als Gesamtkunstwerk betrachtet werden muss. Der Hotelbereich des Rosenthal Casinos beherbergt 20 Zimmer. Jedes für sich ist gleichermaßen ein bewohnbares Kunstobjekt, Wohlfühlbereich und Unikat, denn ab 1980 begannen namhafte Künstler und Designer, die Innenausstattung einzelner Räume zu entwerfen, darunter etwa Friedensreich Hundertwasser, Raymond Loewy oder Marcello Morandini.

Im Stil der 1960er Jahre speist man im großen, edlen und lichtdurchfluteten Gastraum des Hotelrestaurants. Bereits dessen Eingangsbereich, der an einem von Rosenthal selbst entworfenen deckenhohen und beleuchteten Bierflaschenwandmosaik entlangführt, ist ein regelrechter Eyecatcher. Der dunkle Boden aus russischer Mooreiche harmoniert mit der asiatischen Gitterdecke und der Wandverkleidung aus Teakholz. Man sitzt in halbrunden Nischen auf dunkelbraunen Ledersitzen oder auf zeitlos schönen Holzstühlen aus dänischer Designerhand. An Tisch 8 war seinerzeit regelmäßig der Konzernchef anzutreffen. Feinstes Rosenthal-Geschirr und nicht zuletzt die exquisite Küche des Hauses runden ein außergewöhnliches, allumfassendes Erlebnis für die Sinne stimmungsvoll ab.

Adresse Kasinostraße 3, 95100 Selb, www.rosenthal-casino.de | **Anfahrt** A 93, Ausfahrt Selb-Nord, im zweiten Kreisverkehr (große Teekanne) nach rechts in die Hofer Straße abbiegen, im Verlauf nach links in den Christian-Höfer-Ring und nach der Bahnunterführung rechts in die Ascher Straße abbiegen, vorbei an den Künstlerfassaden der Rosenthal-Verwaltung, dann nach rechts in die Wilhelmstraße abbiegen und der Beschilderung zum Rosenthal Casino folgen | **Öffnungszeiten** Restaurant: Mo–Fr 11.30–14 und 18–21 Uhr, Sa 18–21 Uhr | **Tipp** Das Schloss Erkersreuth ist der ehemalige Wohnsitz von Philip Rosenthal. Es ist zwar nicht öffentlich zugänglich, kann aber als außergewöhnlicher Veranstaltungsort für Festgesellschaften über das Rosenthal Casino gebucht werden.

66 Das Porzellanikon

Europas größtes Spezialmuseum für Porzellan

1814 begann für das Fichtelgebirge das Zeitalter des weißen Goldes, als der Thüringer Carolus Magnus Hutschenreuther am Steinberg bei Hohenberg an der Eger Kaolinerde entdeckte, die zur Porzellanherstellung benötigt wird. Es folgte die über 150 Jahre andauernde Erfolgsgeschichte der Porzellanindustrie in Nordostbayern, die sich zum Ende des 20. Jahrhunderts zu einem beispiellosen Drama zuspitzte, als im Zuge der großen Strukturkrise ein Werk nach dem anderen Insolvenz anmelden musste und die Menschen zu Tausenden arbeitslos wurden. Die gesamte Branche wurde arg gebeutelt und musste sich komplett neu strukturieren. Einigen Herstellern ist das Spezialisieren auf qualitativ hochwertige Nischenprodukte sehr gut gelungen, andere wurden endgültig Teil der Geschichte.

In den beiden großen Produktionszentren Hohenberg an der Eger und Selb wird auf sehr lebendige Weise das historische Erbe der Porzellanherstellung in Nordostbayern bewahrt und weitergegeben. Es entstand ab 1982 das »Porzellanikon«, das mit seinen zwei Standorten Hohenberg und Selb größte Spezialmuseum für Porzellan in Europa. Über 200.000 Ausstellungsstücke aus über 200 Jahren Industriegeschichte und abwechslungsreiche Sonderausstellungen begeistern die Besucher. Der Schwerpunkt in Hohenberg liegt auf der großartigen Schausammlung faszinierender Porzellanerzeugnisse mit einmaligen Prunkstücken aus dem 19. und 20. Jahrhundert.

In Selb wird an historischer Produktionsstätte der Herstellungsprozess beleuchtet: Der Weg vom Kaolinklumpen hin zum fertig bemalten Edelservice verläuft über unterschiedlichste und komplizierte Arbeitsschritte. Hier wird auch Technikgeschichte lebendig, wenn zum Beispiel die große, voll funktionsfähige historische Dampfmaschine Herzen höherschlagen lässt. Das Porzellanikon zeigt besonders eindrucksvoll sowohl den Mythos Porzellan als auch die Arbeitsstätte der Menschen, die diesen Mythos erzeugen.

Adresse Werner-Schürer-Platz 1, 95100 Selb-Plößberg | **Anfahrt** A 93, Ausfahrt Selb-Nord, im zweiten Kreisverkehr (große Teekanne) nach links in die Hofer Straße abbiegen und der Beschilderung zum Porzellanikon folgen | **Öffnungszeiten** Di–So und Feiertage 10–17 Uhr | **Tipp** Der Schausteinbruch in Selb-Häuselloh und das Häuselloher Moor sind lohnende Ziele jenseits der Porzellanwelt, die nicht versäumt werden sollten.

67_Die Wasserkraftwerke

Ein Industriedenkmal für erneuerbare Energie

Die Kraft des jungen, quirligen Egerflusses wurde schon früh von den Menschen genutzt. In vorindustrieller Zeit trieb das Wasser Mühlen an, und vielerorts entstanden Hammerwerke zur Weiterverarbeitung des im Fichtelgebirge gewonnenen Roheisens. Ortsnamen wie Kaiserhammer, Schwarzenhammer oder Hendelhammer zeugen von dieser Entwicklung. Südlich von Selb entstanden im 20. Jahrhundert zwischen Leupoldshammer und Neuhaus an der Eger nach und nach drei Wasserkraftwerke zur Erzeugung von elektrischem Strom.

Das älteste und spektakulärste ist das Laufwasserkraftwerk »Hirschsprung«. Schon vor dem Ersten Weltkrieg wurde es von der Stadt Selb für die energiehungrige Porzellanindustrie geplant. Der Bau erfolgte allerdings erst 1921. Über einen fast drei Kilometer langen Betonkanal, den Hirschsprungkanal, wird das östlich von Leupoldshammer ausgeleitete Egerwasser in ein Becken geführt, welches sich direkt am Hang über dem Kraftwerk befindet. Durch mehrere Fallrohre stürzt es 30 Meter in die Tiefe und treibt insgesamt vier Turbinen an, die eine stattliche Leistung von 2.200 Kilowatt, umgerechnet gut 3.000 PS, liefern.

1924 entstand etwa 1,5 Kilometer weiter flussabwärts das Kraftwerk Neuhaus zusammen mit dem dazugehörigen kleinen Stausee. Auch hier stürzt das gespeicherte Wasser auf zwei große Turbinen, allerdings beträgt die Fallhöhe nur noch 5,5 Meter. Vier Kilometer flussaufwärts riegelt bei Leupoldshammer eine etwa 60 Meter lange und sieben Meter hohe Staumauer das Tal ab. Hier wurde 1935 das dritte Wasserkraftwerk an der Eger zur Stromerzeugung errichtet. Der Verbund der drei Egertalkraftwerke produziert jährlich im Durchschnitt zwischen sechs und sieben Millionen Kilowattstunden Strom – genügend Elektrizität für circa 5.000 Menschen. Sogenannte Fischtreppen wurden in jüngerer Zeit gebaut, um Wassertieren das Leben im Fluss weiter zu ermöglichen.

Adresse Hirschsprung 1, 95100 Selb-Silberbach | **Anfahrt** A 93, Ausfahrt Marktredwitz-Nord, dann B 303 Richtung Schirnding, Ausfahrt Schirnding/Hohenberg, nach links auf die Staatsstraße 2178 abbiegen und über Hohenberg Richtung Selb bis Silberbach fahren, im Ort links in den Egertalweg abbiegen und der Beschilderung zum Wasserkraftwerk »Hirschsprung« folgen | **Öffnungszeiten** Derzeit nur von außen zu besichtigen | **Tipp** Die namengebende Felsklippe »Hirschsprung« sowie das wildromantische Wellertal liegen flussaufwärts unweit des Kraftwerks »Hirschsprung«.

68 Die Kirche Maria Loreto

Wo ein Baustein der Versöhnung gelegt wurde

Wenn die Steine der Wallfahrtskirche Maria Loreto sprechen könnten, so hätten sie Unglaubliches zu erzählen. Da wären die Grundsteinlegung durch Jesuiten aus Eger im Jahr 1664 und ein aus dem italienischen Loreto extra herbeigeschafftes Gnadenbild der Schwarzen Madonna. Oder sie könnten von der Skandal-Eheschließung des Markgrafen Georg Albrecht von Brandenburg-Kulmbach mit dessen bürgerlicher Gemahlin Regine Magdalene Lutz berichten. Weil die hohenzollernsche Verwandtschaft die Hochzeit ablehnte und Intrigen spann, wurde das Paar 1699 außerhalb des Herrschaftsbereichs hier in Böhmen getraut. Auch die zahllosen Prozessionen zum Gnadenbild durch die Jahrhunderte mit Gläubigen aus dem Egerland und dem benachbarten Bayern müssten Erwähnung finden. Aber es gibt auch die schmerzhafte Geschichte von der Zerstörung und Schändung des Marienwallfahrtsortes durch die kommunistische Herrschaft nach dem Zweiten Weltkrieg. Wie durch ein Wunder konnte das wertvolle Gnadenbild gerettet und an einem sicheren Ort verwahrt werden. Durch Ignoranz und Revanchismus wäre beinahe ein Stück europäischer Kultur für immer verloren gegangen.

Doch die Rechnung wurde ohne Anton Hart gemacht. Der heimatvertriebene Unternehmer aus Waldsassen setzte gleich nach der Wende seine Idee in die Tat um, Maria Loreto aus den Ruinen auferstehen zu lassen. Im Nachbarort Kinsberg geboren, gründete er 1992 einen Förderverein und suchte erfolgreich nach Gleichgesinnten auf bayerischer und böhmischer Seite, um die Reste der Wallfahrtskirche zu sichern und die gesamte Anlage zu rekonstruieren. Bereits 1994 erfolgte bei der 330-Jahr-Feier der Kirche ein gemeinsamer deutsch-tschechischer Gottesdienst. Hart machte es sich zur Lebensaufgabe, zwischen Bayern und Böhmen aktiv Brücken zu bauen, und die gemeinsame Instandsetzung von Maria Loreto dient als starkes Symbol für dieses zarte Pflänzchen der Aussöhnung.

Adresse Maria Loreto, Hrozňatov, CZ-35002 Cheb | **Anfahrt** A 93, Ausfahrt Mitterteich-Süd, dann B 299 durch Waldsassen und weiter über den Grenzübergang Waldsassen / Svatý Kříž nach Tschechien (Staatsstraße 214), in Svatý Kříž vor dem Kreisverkehr nach rechts und Richtung Slapany, vor dem Ortseingang nach links nach Hrozňatov, ab hier der Beschilderung nach Maria Loreto folgen | **Öffnungszeiten** Mai – Okt. Di – So 10.30 – 16 Uhr | **Tipp** Den Alten Schlossturm von Starý Hrozňatov hat schon Goethe bewundert.

69__Der Bergfried

Wo man den Blick weit schweifen lassen kann

Egal, von welcher Seite man sich nähert, er ist bereits von Weitem zu erkennen: der markante und wuchtige Bergfried der Burgruine Thierstein hoch über den Dächern des gleichnamigen Ortes. Das buchstäblich überragende Wahrzeichen der Marktgemeinde gehörte zu einer sogenannten »Spornburg«, die etwa zwischen 1310 und 1343 erbaut wurde. Die Anlage befindet sich auf einer in 615 Metern Meereshöhe liegenden Kuppe aus Basaltgestein, das auch das hauptsächliche Baumaterial der Burg ist.

Die Veste hat eine wechselvolle Geschichte. Sie gehörte von 1343 bis zum Ende des 14. Jahrhunderts der einflussreichen Familie Notthafft, welche zum bayerischen Uradel zählt und auch im Fichtelgebirge über mehrere Besitztümer verfügte. Thierstein wurde zum Verwaltungssitz, nachdem Albrecht XI. Notthafft im Jahr 1340 von Kaiser Ludwig dem Bayern das Forstmeisteramt im Egerer Reichsforst übertragen worden war. Notthaffts wirtschaftlicher Erfolg führte zu einem Aufschwung in der Region, was in der benachbarten Reichsstadt Eger auf wenig Gegenliebe stieß. Dort beschwerte man sich direkt beim Kaiser über die Tätigkeiten des allzu ehrgeizigen Forstmeisters. Letztlich wurden nach und nach die Besitztümer veräußert und gelangten so zu den hohenzollerischen Markgrafen. Burg Thierstein blieb nur sporadisch bewohnt und verfiel allmählich. Lediglich der 24 Meter hohe Bergfried hatte weiterhin die Funktion als Wartturm für die Landesverteidigung. Bei einer Brandkatastrophe im Jahr 1725 wurde aber der gesamte Ort samt Burg stark zerstört. Durch die Gemeinde Thierstein erhielt der alte Bergfried 1856 ein Dach und eine steinerne Wendeltreppe.

Seit 2014 überspannt ein modernes Membrandach den Innenhof saisonal für Kulturveranstaltungen. Der weite Panoramablick über das innere Hufeisen des Fichtelgebirges und das Egerland macht Thierstein zu einem der schönsten Aussichtspunkte für Besucher aus nah und fern.

Adresse Burgstraße, 95199 Thierstein | **Anfahrt** A 93, Ausfahrt Höchstädt/Thierstein, dann auf die Hauptstraße abbiegen, nach links in die Burgstraße abbiegen und ihr bis zum Ende folgen | **Öffnungszeiten** Wer die Burganlage mit Bergfried betreten möchte, braucht dazu einen Schlüssel. Dieser ist entweder im Gasthaus »Zur Burg« in der Hauptstraße 11a (Montag Ruhetag) oder in der Gaststätte »Zentralhalle« in der Markgrafenstraße 2 (Dienstag Ruhetag) gegen Pfand erhältlich. | **Tipp** Der »Thiersteiner Burgsommer« mit verschiedenen Veranstaltungen in mittelalterlicher Atmosphäre ist der kulturelle Höhepunkt der Marktgemeinde.

70_Das Massengrab

Wo der Anblick Schweigen gebietet

Deutschland war in den letzten Wochen und Monaten des Zweiten Weltkrieges gezeichnet von Chaos, gewaltiger Zerstörung und furchtbarem Leid. Der von den Nationalsozialisten entfesselte Weltenbrand kam nun erbarmungslos über das eigene Land. Den endgültigen Untergang vor Augen, schickte das Hitlerregime unerbittlich sein letztes Aufgebot in sinnlose Gefechte gegen die übermächtigen alliierten Streitkräfte. Die perverse Todesmaschinerie in den Konzentrationslagern geriet ins Stocken, Ende Januar 1945 befreite die Rote Armee das Vernichtungslager Auschwitz-Birkenau. Mit dem Herannahen der Front wurden die KZs hastig geräumt. Nazischergen der SS trieben ihre völlig entkräfteten Gefangenen auf sogenannten »Evakuierungsmärschen« von Lager zu Lager. Mit diesen Todesmärschen wurde das finale Kapitel der Menschenverachtung im Nazisystem aufgeschlagen.

Einer der Todestrecks mit etwa 3.100 vorwiegend jüdischen Gefangenen verlief vom KZ Buchenwald zum KZ Flossenbürg. Nur etwa 2.500 kamen lebend an. Am 15. April 1945 durchquerten sie ausgemergelt, zerlumpt und nur mit Fußlappen den Landkreis Wunsiedel. 161 Menschen starben allein an diesem Tag, teils an Hunger und Erschöpfung, teils durch Kugeln oder Schläge der SS-Wächter. 69 Todesopfer wurden im Gemeindegebiet von Thierstein zunächst entlang des Weges oder im Wald verscharrt. Die US-Militärregierung ordnete im Juni 1945 eine ordentliche Bestattung auf dem Gemeindefriedhof an. 1948 wurde das heutige Mahnmal eingeweiht, ein breites Triptychon aus Flossenbürger Granit mit der Gedenkinschrift für die hier ruhenden 69 unbekannten Opfer des Faschismus. Mittig befindet sich das Relief einer umrankten Skeletthand, die eine brennende Fackel hochhält. Das gleiche Mahnmal findet sich auch auf dem Wunsiedler Stadtfriedhof. Dort haben weitere 30 Menschen des Todesmarsches vom 15. April 1945 ihre letzte Ruhe gefunden.

Adresse Selber Straße 16, 95199 Thierstein | **Anfahrt** A 93, Ausfahrt Höchstädt/Thierstein, dann auf die Hauptstraße abbiegen, links in die Markgrafenstraße abbiegen und bis zum Ende durchfahren, nach links in die Selber Straße abbiegen und ihr bis zum Friedhof folgen, Grab am Ende des Friedhofs rechts neben der Aussegnungshalle | **Tipp** Empfehlenswert ist ein Spaziergang durch den historischen Ortskern rund um die Thiersteiner Burg.

71 Der Kulturhammer

Ein Dorf erfindet sich neu

Preisgekrönte Kleinkunst auf dem Dorf? Hochkarätiges Kabarett in der Provinz? Leidenschaftliche Tangorhythmen in Oberfranken? Wie muss man sich das vorstellen? Wer bislang geglaubt hat, das Leben in einem Dorf mit 150 Einwohnern sei eine endlose Tristesse, und man befände sich genau dort, wo Fuchs und Hase sich Gute Nacht sagen, der wird in Kaiserhammer eines Besseren belehrt. Noch bis in die 1980er Jahre war der Ort dem genannten Klischee näher, als ihm lieb war. Der einstige Stolz des Bayreuther Markgrafen Friedrich, der hier ab 1755 ein großes Jagdschloss samt geometrisch angelegtem Jagdgarten erbauen ließ, um groß angelegte Parforcejagden abzuhalten, ist lange passé. Die kurze erste Blütezeit von Kaiserhammer endete damit, dass schon die Nachfolger des Markgrafen Teile des Schlosses wieder abreißen ließen. Das sternförmig angelegte ehemalige Jagdrondell mit acht schnurgeraden Wegschneisen im Wald blieb dagegen bis heute gut erhalten.

Ab den 1970er Jahren drohte auch Kaiserhammer das Schicksal des klassischen Dorfsterbens, verbunden mit Wegzug der jungen Bevölkerung, Überalterung und Leerstand. Doch findige und rührige Idealisten rund um die Familie Tietz weckten Kaiserhammer aus seinem Dornröschenschlaf und rissen es aus der Lethargie. Unter anderem sollte der historische Tanzsaal aus den 1920er Jahren wieder der kulturelle Mittelpunkt des Dorfes werden. Mit viel Liebe und Engagement restauriert, bietet dieser seit 1996 ein breit gefächertes Kulturangebot vom Feinsten, das man sonst eher in größeren Städten erwartet. Der Verein »Kulturhammer e. V.« bringt engagierte Laien wie professionelle Künstler in einem harmonischen Gleichgewicht einem begeisterten Publikum näher. Das familiäre Dorfambiente liefert dazu das passende Sahnehäubchen. Kaiserhammer erlebt seit über 20 Jahren seine zweite Blüte und gilt als kultureller Geheimtipp der Region.

Adresse Schulweg 2, 95199 Thierstein-Kaiserhammer | **Anfahrt** A 93, Ausfahrt Höchstädt/ Thierstein, dann auf der Kreisstraße WUN 19 parallel zur Autobahn Richtung Selb fahren und bei Hohenmühle links nach Kaiserhammer abbiegen und bis zum Kulturhammer | **Öffnungszeiten** Programm und Kartenreservierung unter www.kulturhammer.de | **Tipp** Das Café Egertal liegt schräg gegenüber dem Tanzsaal im Nordflügel des alten Schlosses. Es ist von Ostermontag bis zum 3. Oktober an Wochenenden geöffnet und überzeugt mit seinen selbst gebackenen Kuchen.

72 Das Hammerschloss

Wo einst der Hammer hing

Der große Wasserreichtum und die Vielzahl an Bodenschätzen waren für das Fichtelgebirge die Grundlage für seine wirtschaftliche Erschließung ab dem Mittelalter. In den zahlreichen Grubenanlagen wurde Erz gewonnen, man zähmte Bäche und Flüsse für die Nutzung der Wasserkraft, denn diese war für die Erzverhüttung und Metallverarbeitung von immenser Bedeutung. Die scheinbar endlosen Wälder lieferten zusätzlich das notwendige Feuerholz.

Wie an einer Perlenschnur aufgereiht entstanden entlang der Flussufer im Fichtelgebirge und im Steinwald kleinere und größere Hammerwerke, an die heute zum Teil nur noch der Ortsname oder ein prächtiges Hammerherrenhaus erinnert. Ein anschauliches Beispiel für die vorindustrielle wirtschaftliche Blütezeit im Fichtelgebirge ist das Hammerschloss in Leupoldsdorf bei Tröstau. Der Ort wurde 1393 erstmals urkundlich erwähnt. Im dortigen Hammerwerk verarbeitete man ab dem 15. Jahrhundert das zum Beispiel im Hochofen von Meierhof bei Weißenstadt gewonnene Roheisen. Das Metallgeschäft war auch nach dem Dreißigjährigen Krieg so einträglich, dass weitere Produktionsstandorte und Grundeigentum hinzugekauft wurden. Das Hammerschloss entstand im 17. Jahrhundert, und es erhielt sein heutiges Aussehen, nachdem die erfolgreiche, 1816 geadelte Eigentümerfamilie Müller es umgebaut hatte. Nach dem Niedergang des Hammers ab Mitte des 19. Jahrhunderts wegen der zunehmenden Konkurrenz durch industriell hergestelltes Roheisen verlor Leupoldsdorf an Bedeutung.

In den letzten Jahren renovierte man das Hammerschloss aufwendig und richtete eine Naturpark-Infostelle mit Ausstellungsräumen ein. Auch die Außenanlagen wurden nach alten Plänen rekonstruiert und die zum ehemaligen Hammerwerk gehörenden Teiche saniert. Die Besucher können nun durch das geschichtsträchtige Ensemble flanieren und im Schlossgasthof anschließend ausgiebig nach Gutsherrenart schlemmen.

Adresse Schlossweg 12, 95709 Tröstau-Leupoldsdorf | Anfahrt A 93, Ausfahrt Marktredwitz-Nord, dann B 303 Richtung Bad Berneck, am Ortsausgang von Tröstau an der Abzweigung Leupoldsdorf rechts auf die Kreisstraße WUN 7 abbiegen und dem Verlauf folgen, auf der Vordorfer Straße links zum Hammerschloss abbiegen | Öffnungszeiten Naturpark-Infostelle Hammerschloss Mo–So 8–17 Uhr | Tipp Die 104 Hektar große 18-Loch-Golfanlage in Fahrenbach bei Tröstau zählt zu den größten und schönsten Golfplätzen in Bayern.

73_Die Europabrücke

Große Geste am westlichsten Ort Tschechiens

Nichts symbolisiert die Überwindung von tiefen Gräben und Spalten mehr als der Bau einer Brücke. Sie braucht nicht einmal besonders groß zu sein, ihre Wirkung ist bei der ersten Überquerung sofort zu spüren.

Das 1331 erstmals urkundlich erwähnte Bauerndorf Mähring, tschechisch Újezd, war bis nach dem Zweiten Weltkrieg der westlichste Ort Böhmens. Sieben Jahre nach der Vertreibung der etwa 170 deutschen Einwohner im Jahr 1946 wurden die Ruinen der knapp 40 Anwesen durch tschechische Brigadeeinheiten gesprengt, auch die alte Grenzbrücke nach Bayern über den kleinen Mühlbach blieb nicht verschont, der jahrhundertealte Verbindungsweg nach Rehau wurde gekappt. Das Dorf direkt am Eisernen Vorhang erklärte man schon 1950 für aufgelöst.

Doch es blieb nicht vergessen. Kurz nach der politischen Wende wurde 1990 das umgestürzte ehemalige Denkmal für die im Ersten Weltkrieg gefallenen Dorfbewohner wiedergefunden und zwei Jahre später an seinem alten Platz wieder aufgestellt, ergänzt um die Namen der Mähringer Gefallenen des Zweiten Weltkrieges. Im Herbst 2007 kam bei der Ascher Ortsgruppe des Fichtelgebirgsvereins der Gedanke auf, eine hölzerne Fußgängerbrücke über den Mühlbach auf den noch vorhandenen Steinfundamenten der alten Brücke zu errichten. Die Idee begeisterte die Menschen beiderseits der Grenze, und bereits im darauffolgenden Sommer konnte die »Europabrücke« beziehungsweise »*most přátelství*« – »Brücke der Freundschaft« – feierlich ihrer Bestimmung übergeben werden. Auf der Brückenmitte, die genau auf der Grenze zwischen Deutschland und Tschechien liegt, befindet sich ein stilisiertes Tor, durch das man zum Nachbarn hinüberschreitet. Das Relief eines freundschaftlichen und versöhnenden Handschlags wurde dazu auf beiden Seiten des Brückentorbogens angebracht, eine sprichwörtlich wegweisende Geste in eine Zukunft des Miteinanders und des gegenseitigen Respekts.

Adresse Staatsgrenze D-CZ, Europabrücke bei Újezd u Krásná, CZ-35122 Krásná | **Anfahrt** A 93, Ausfahrt Rehau-Süd und B 289 Richtung Rehau, an der ersten Kreuzung links auf die Staatsstraße 2192 abbiegen und etwa 3 Kilometer Richtung Neuhausen fahren, ab hier zu Fuß auf dem markierten Ostweg links der Straße (weißes O auf rotem Grund) bis zur Europabrücke wandern | **Tipp** Etwas nördlich der Europabrücke befindet sich bei den Koordinaten 50°15'8" Nord, 12°5'28" Ost der westlichste Punkt Tschechiens mit einem historischen Grenzstein von 1844 (GPS bereithalten).

74__Die Ruine Weißenstein

Die schönste weit und breit

Beinahe hätte die Natur sie sich zurückgeholt, und ihre jahrhundertealten Mauerreste wären vom Steinwald für immer verschluckt worden. Doch bevor sich der Mantel des Vergessens über eine der schönsten und spektakulärsten mittelalterlichen Burganlagen der Oberpfalz legen sollte, erweckten die entschlossenen Mitglieder des Vereins »Gesellschaft Steinwaldia Pullenreuth e. V.« das Wahrzeichen des Steinwalds, die Burgruine Weißenstein, aus ihrem sprichwörtlichen Dornröschenschlaf. Tausende von Arbeitsstunden investierten die ehrenamtlich tätigen Heimat- und Denkmalpfleger zwischen 1997 und 2002.

Während dieser akribischen Herkulesarbeit sicherten die Steinwaldianer in enger Zusammenarbeit mit den Denkmalschutzbehörden zunächst die einsturzgefährdeten Mauerbereiche und lichteten den stark zugewucherten Bereich um die Ruine. Man grub sich dabei regelrecht in die Geschichte der Burganlage hinein, die zum ersten Mal 1279 urkundlich erwähnt wurde. Sie ging nach und nach in den Besitz der einflussreichen bayerischen Adelsfamilie Notthafft über. Dabei bildete sich eine eigene Weißensteiner Erblinie heraus, die bis 1717 existierte. Bis etwa zur Mitte des 16. Jahrhunderts war deren Stammsitz Burg Weißenstein bewohnt. Danach verfiel die Anlage, doch erst 1882 wurde die Burgruine aus dem Notthafft'schen Besitz verkauft.

Charakteristisches Merkmal der Burg ist die Verbindung der vorhandenen natürlichen Felsformation mit den von Menschenhand daraufgesetzten Gebäudeteilen. Der so entstandene Weißensteiner Anlagenkomplex bildet quasi eine harmonische Symbiose zwischen Natur und Mensch und wirkt wie organisch gewachsen. Die jahrelange Rekonstruktion der Ruine aus den Originalfundstücken glich einem unendlichen Puzzle, dessen phantastisches Gesamtbild die Besucher in Staunen versetzt. Das Wahrzeichen Weißenstein ist zu alter Würde zurückgekehrt, Steinwaldia sei Dank!

Adresse Burgruine Weißenstein, 95679 Waldershof-Hohenhard | **Anfahrt** A 93, Ausfahrt Wiesau, dann auf den Staatsstraßen 2169 und 2170 über Wiesau und Fuchsmühl in Richtung Waldershof fahren, links nach Poppenreuth abbiegen, in der Ortsmitte erneut links auf die Staatsstraße 2121 Richtung Friedenfels abbiegen und dem Verlauf folgen, an der Abzweigung Marktredwitzer Haus / Burgruine Weißenstein rechts abbiegen, vom Wanderparkplatz aus etwa 30 Minuten dem markierten Wanderweg folgen | **Öffnungszeiten** ganzjährig auf eigene Gefahr begehbar | **Tipp** Der Oberpfalzturm, der einen weiten 360-Grad-Panoramablick bietet, befindet sich auf der 946 Meter hohen Platte, der höchsten Erhebung im Steinwald, und ist von der Ruine Weißenstein aus gut zu erreichen.

75_Die Stiftsbasilika

Barocker Glanz mit Gruselfaktor

Dem Steinwald und dem Fichtelgebirge vorgelagert ist das Stiftland mit dem Kloster von Waldsassen. Die fast 900-jährige Geschichte dieser 1133 von Zisterziensern gegründeten Abtei ist eng mit der Kolonisierung der Region verbunden. Die Pfründe des Reformordens umfassten Hunderte von Quadratkilometern und reichten vom Fichtelgebirge bis weit nach Böhmen. Das Kloster handelte dabei wie ein mächtiges Immobilienunternehmen. Orte wie Marktleuthen, Waldershof oder Weißenstadt gelangten in seinen Besitz, wurden entwickelt oder weiterveräußert.

1562 wurde die Abtei aufgelöst und verfiel. Die heutige Stiftsbasilika Sankt Johannes markiert deren glanzvollen Neubeginn. Zwischen 1685 und 1704 entstand einer der bedeutendsten Barockbauten in der Oberpfalz. Mehrere hochrangige europäische Künstler, darunter der Prager Baumeister Abraham Leuthner sowie die Gebrüder Dientzenhofer, schufen ein Gebäude für die Sinne, das bis zur Säkularisation 1803 der religiöse Mittelpunkt der Abtei war.

Nach einer umfassenden Generalsanierung erstrahlt die Basilika von Waldsassen seit 2017 in neuem alten Glanz. Neben einem überwältigenden Klangerlebnis dank einer der größten Orgelanlagen mit 103 Registern und 7.720 Pfeifen bietet die Kirche ein besonderes, schaurig-schönes Symbol der Barockzeit, das »Memento mori«: Die zehn »Heiligen Leiber« sind kunstvoll und üppig geschmückte Skelettreliquien von Verstorbenen aus den Katakomben Roms. Sie wirken mit ihrer Drapierung in gläsernen Schreinen, die in die Seitenaltäre eingefasst sind, fast lebendig. Ihre Aufgabe, die Gläubigen an die Vergänglichkeit des Menschen zu erinnern, erfüllen sie mit Bravour. Diese beeindruckende Reliquiensammlung gilt als die besterhaltene nördlich der Alpen. Ein Stockwerk tiefer teilen sich in der Krypta der Basilika die Äbte vergangener Jahrhunderte auf geräumigen 900 Quadratmetern Deutschlands größte Gruftanlage.

Adresse Basilikaplatz 2, 95652 Waldsassen | **Anfahrt** A 93, Ausfahrt Mitterteich-Süd, dann über B 299 beziehungsweise die Mitterteicher Straße und die Prinz-Ludwig-Straße bis ins Zentrum von Waldsassen, weiter auf der Egerer Straße, nach rechts auf den Johannisplatz einbiegen und bis zum Klosterstift | **Öffnungszeiten** täglich geöffnet | **Tipp** Die Kappl-Wallfahrtskirche Zur Heiligen Dreifaltigkeit bei Waldsassen ist das Meisterwerk von Georg Dientzenhofer und gilt als formvollendeter Barockbau mit hoher Symbolkraft.

76__Die Straußenfarm

Wo man den Kopf nicht in den Sand steckt

Was kann man tun, wenn man tagtäglich an einem verfallenen Bauernhof vorbeikommt, der einmal zu den wichtigsten in der gesamten Region gehört hat und dessen Anblick einem einen Stich ins Herz versetzt? Der Mitterhof bei Waldsassen war über viele Jahrhunderte eng mit der Abtei in Waldsassen verbunden, da er als Ökonomiehof die Versorgung der dort lebenden Zisterziensermönche unmittelbar garantierte. Der denkmalgeschützte Vierseithof, dessen Kern bis in das 16. Jahrhundert zurückgeht, stand bereits mehrere Jahre leer und fristete ein sehr trauriges Dasein, als Matthias Frank mit seiner Familie auf eine völlig verrückt klingende Idee kam: Wir kaufen den Mitterhof und machen aus ihm eine Straußenfarm! Große Skepsis war die logische Reaktion. Strauße in Nordbayern? Hier in Waldsassen? Was soll man denn damit?

Doch die Franks steckten den Kopf nicht in den Sand, sondern packten das Projekt an. Der Hof wurde vom Kloster übernommen, und im Frühjahr 2014 kamen die ersten Strauße in Waldsassen an: Acht Zuchttiere, zwei Männchen und sechs Weibchen, bildeten die erste Stammherde. Das raue Klima der nördlichen Oberpfalz vertragen die robusten und sehr anpassungsfähigen Savannentiere ohne Probleme.

Auf dem Mitterhof werden die Strauße als Nutztiere gezüchtet, denn das Fleisch der in Freilandhaltung lebenden Tiere gilt als eines der gesündesten für den Menschen. Dies beschrieb bereits Hildegard von Bingen vor über 900 Jahren. Straußenzucht unterliegt sehr strengen Regeln. Sie erfolgt vollkommen biologisch, ohne jegliche Impfung der Tiere oder Antibiotikazugabe wie in der industriellen Massentierhaltung. Zusätzlich zur Marktlücke, in die der quirlige Familienbetrieb erfolgreich gestoßen ist, züchtet man hier mittlerweile auch vom Aussterben bedrohte Nutztierrassen wie das Wollschwein. Damit ist der Mitterhof eine von 245 »Nutztier-Archen« in Europa.

Adresse Mitterhof 1, 95652 Waldsassen, www.straussenfarm-mitterhof.de | Anfahrt A 93, Ausfahrt Mitterteich-Süd, dann B 299 durch Waldsassen, weiter auf der Egerer Straße bleiben, im Gewerbegebiet halb rechts Richtung Mitterhof abbiegen | Öffnungszeiten Besichtigung nach Vereinbarung (Tel. 0160/7081135); Hofcafé: Sa, So 13–18 Uhr; Hofladen: Mo, Fr 9–11.30 Uhr | Tipp Die 1905 errichtete Nachbildung der Grotte von Lourdes ist eine in der Region sehr beliebte Andachtsstätte und befindet sich unweit des Mitterhofs.

77_Die Mineralbrunnen

Das Tafelwasser der bayerischen Fürsten

»Ein Kondrauer bitte!« – Wenn man in Bayern Mineralwasser bestellt, so wird stattdessen nicht selten das Mineralwasser aus dem Stiftland von Waldsassen als Synonym verwendet. Der gute Ruf des Wassers beruht auf einer sehr langen Tradition. Seit über 700 Jahren zählen die Quellen von Kondrau zu den ältesten Mineralbrunnen Bayerns. Bereits 1281 wurde urkundlich erwähnt, dass Mönche aus dem benachbarten Zisterzienserstift in Waldsassen im Kondrauer Gebiet das Wasser für ihr Kloster schöpften.

Die besondere Qualität des ursprünglich aus einer artesischen Quelle in einer Senke des Glasmühlbachs stammenden Wassers sprach sich sehr schnell herum. Es schmeckte nicht nur gut, sondern war äußerst bekömmlich und zeigte auch eine gewisse heilende Wirkung, zum Beispiel bei Beschwerden im Magen- und Darmbereich. Der bayerische Fürstenhof in München wurde ebenfalls aufmerksam, und so ließ 1668 der Kurfürst Ferdinand Maria das Kondrauer Wasser in speziellen Tonkrügen in die Residenzstadt liefern. Die endgültige Adelung des Spitzenwassers erfolgte 1897 mit der offiziellen Ernennung des Mineralquellenbetriebs zum königlich bayerischen Hoflieferanten. Seitdem zieren die weiß-blauen Rauten des Hauses Wittelsbach das Firmenlogo des Getränks.

Das natürliche Mineral- und Heilwasser wird heute aus insgesamt vier Brunnenanlagen gefördert, die im 20. Jahrhundert bis in eine Tiefe von 282 Metern gebohrt wurden. Das Wasser hat in diesen Tiefen einen Mineralisierungsprozess von über 700 Jahren hinter sich. Die darin angereicherte natürliche Kohlensäure stammt aus tieferen Schichten, was mit der geologisch sehr jungen vulkanischen Vergangenheit der Region zusammenhängt.

Der sehr schön angelegte Quellenpark neben dem Betriebsgelände lädt die Besucher zum bewussten Innehalten ein. Dort bewahrheitet sich auf besondere Weise der alte Spruch: »Ein gut Ding will Weile haben.«

Adresse Am Sauerbrunn 2, 95652 Waldsassen-Kondrau, www.kondrauer.de | **Anfahrt** A 93, Ausfahrt Mitterteich-Süd, dann B 299 Richtung Waldsassen, nach der Ortsdurchfahrt von Kondrau auf der Mitterteicher Straße nach links am Sauerbrunn zur Firma Kondrauer abbiegen | **Öffnungszeiten** Betriebsführung nach Vereinbarung (Tel. 09632/92150) | **Tipp** Das Stiftlandmuseum in Waldsassen beinhaltet die größte Sammlung von Handwerkstätten in der Oberpfalz und bietet einen umfassenden Einblick in die Geschichte des Handwerks in der Region.

78 Das Mahnmal

Wo der Eiserne Vorhang Europa durchtrennte

Nach 1945 begann die Zeit des Kalten Krieges. Die Teilung Europas in Ost und West zog sich von Skandinavien bis zum Schwarzen Meer. Neben der berüchtigten innerdeutschen Grenze und der Berliner Mauer war auch die Grenze zwischen Westdeutschland und der Tschechoslowakei kaum zu überwinden. Ab 1950 begann die ČSSR mit der Schließung von Grenzübergängen und der Errichtung erster einfacher Sperranlagen. Um die Chance zu minimieren, dass Menschen aus dem Ostblock in den Westen gelangten, wurde in den Folgejahren die Grenzanlage nach Westdeutschland und Österreich weiter befestigt. Dazu gehörten Stacheldrahtzäune, die nacheinander in zwei Reihen hochgezogen wurden, sowie Wachtürme und betonierte Kolonnenwege. Bis zum Fall des Eisernen Vorhangs 1989 war hier jeweils das Ende der Welt.

Dennoch kam es immer wieder zu tragischen Zwischenfällen. Insgesamt wird davon ausgegangen, dass allein an der Grenze zwischen Westdeutschland und der Tschechoslowakei in der Zeit von 1948 bis 1989 über 130 Menschen bei Fluchtversuchen ums Leben kamen. Die meisten von ihnen wurden erschossen, oder sie starben im elektrisch geladenen Zaun.

Am 27. Juni 2006 wurde in Erinnerung an diese Zeit im ehemaligen Todesstreifen zwischen Waldsassen und Eger in der Nähe der ehemaligen Grenzwache bei Svatý Kříž ein eindrucksvolles Mahnmal aus Eisen zum Gedenken an die Opfer des Eisernen Vorhangs enthüllt. Der Prager Künstler Antonín Kašpar konstruierte auf einem stilisierten Kolonnenweg einen leicht geöffneten, aus zwei Teilen bestehenden Eisernen Vorhang mit auseinandergesprengten Ketten dazwischen. Darauf sind die Namen von 82 ermordeten Menschen mit ihrem Todesjahr zu lesen, die zwischen 1948 und 1981 beim Fluchtversuch von Ost nach West ums Leben kamen. Der deutlich sichtbare Rost des Eisens zeigt dabei die Vergänglichkeit – die des Menschen wie auch seiner Barrikaden.

Adresse Svatý Kříž 263, Háje, CZ-35002 Cheb | Anfahrt A 93, Ausfahrt Mitterteich-Süd, dann B 299 durch Waldsassen und weiter über den Grenzübergang Waldsassen / Svatý Kříž nach Tschechien (Staatsstraße 214), etwa 700 Meter nach dem Grenzübergang Mahnmal links an einer Wegkreuzung | Tipp Die absolut sehenswerte Altstadt von Cheb (Eger) liegt nur knapp fünf Kilometer vom Mahnmal entfernt.

79 Das Rathaus im Bahnhof

Wo der Zug trotz allem nicht abgefahren ist

Endstation – bitte alle aussteigen! Nach fast 96 Jahren Bahnbetrieb hielt 1992 der letzte Schienenbus mit Schülern, die von hier nach Weidenberg und Bayreuth pendelten, am Bahnhof von Warmensteinach. Seither werden auf der letzten von einst sieben Stichbahnen in das Fichtelgebirge nur noch die ersten 14 Kilometer von Bayreuth nach Weidenberg bedient. Der landschaftlich schönste Teil der Strecke, die neun Kilometer Schienen durch das enge Steinachtal hinauf nach Warmensteinach, wurde stillgelegt.

Unrentabel hohe Sanierungskosten und vor allem der mangelnde Wille von Politik und Bahnbetreiber ließen ein Stück Eisenbahngeschichte zuwuchern. Wo von 1907 bis in die 1950er Jahre die berühmten Rodelsonderzüge aus Nürnberg Massen von wintersportbegeisterten Menschen und damit letztlich den Tourismus ins Fichtelgebirge gebracht hatten, rosten die letzten Brücken- und Signalreste traurig vor sich hin.

Noch in den 1980er Jahren erhielt der Bahnhof Warmensteinach die Ehre, als Kulisse für Familie Beimer aus der »Lindenstraße« zu dienen, die eine Folge lang ihren Urlaub im Fichtelgebirge verbrachte und mit dem Zug angereist kam.

Es war einmal. Doch während auf den anderen Fichtelgebirgsstrecken die Abrissbirne nicht lange auf sich warten ließ, hatte Warmensteinach eine andere Idee. Das Bahnhofsgelände samt Empfangsgebäude wurde kurzerhand von der Gemeinde gekauft und der imposante Granitbau aus dem Jahr 1896 umfassend saniert. Er dient seit 2002 als neues, altes und schmuckes Rathaus, ohne dabei seine frühere Funktion zu verleugnen. Das äußere Erscheinungsbild des Gebäudes wurde beim Umbau sorgfältig bewahrt. Auch der Vorplatz und die ehemaligen Betriebsgebäude wurden in die Umgestaltung miteinbezogen. Ein historischer Bahnhof als Rathaus – das gibt es nicht sehr oft. Ein Zug könnte jederzeit wieder von hier abfahren, der Bahnsteig dafür ist jedenfalls da.

Adresse Bahnhofstraße 100, 95485 Warmensteinach | **Anfahrt** A 9, Ausfahrt Bayreuth-Nord, dann auf der Staatsstraße 2181 über Untersteinach, Weidenberg und Sophienthal bis nach Warmensteinach fahren und dem Straßenverlauf bis zum Rathaus folgen | **Öffnungszeiten** öffentlicher Parteiverkehr, Mo – Fr 8 – 12 Uhr, Mo 14 – 18 Uhr | **Tipp** Das Waldschwimmbad am Ortseingang sorgt für Erfrischung im Sommer.

80__Die Schanzen

Ziiiieeeehhhh!!!!

Wintersport kann im Fichtelgebirge auf eine lange Tradition zurückblicken und ist nach wie vor ein touristischer Eckpfeiler, trotz aller Unkenrufe zum Thema Klimawandel. Vor allem die nordischen Sportarten haben hier ein festes Standbein, aus der Region stammen mehrfache Deutsche Meister und auch Olympiateilnehmer im Skilanglauf. Das Skispringen war bis in die 1960er Jahre nahezu ein Breitensport für die Jugendlichen des Hohen Fichtelgebirges, denn fast jeder Ort rund um den Ochsenkopf konnte eine eigene Sprungschanze vorweisen. Die meisten der überwiegend aus Holz gebauten Konstruktionen, wie die Oberwarmensteinacher Frankenschanze, wo man mit selbst gebauten Holzskiern über 70 Meter weit springen konnte, sind leider nicht mehr vorhanden. Sie mussten entweder wegen Baufälligkeit oder wegen irreparabler Sturmschäden abgerissen werden.

Nur zwei Orte haben heute noch Skisprunganlagen, bilden aber mit dem Landesleistungszentrum für Nordischen Skisport im Fichtelgebirge eine wichtige Säule für diese faszinierende Sportart. In Bischofsgrün befindet sich die in den letzten Jahren modernisierte Ochsenkopfschanzenarena. Dort wird traditionell das ganze Jahr über vom Bakken gegangen, denn Bischofsgrün hatte bereits 1957 die erste Mattenschanze der westlichen Welt, und so rückte die Anlage auch in den internationalen Fokus.

Älter sind die Gebrüder-Wehrmann-Schanzen in Warmensteinach. Im Kropfbachtal wurde bereits 1911 die »Schanze am Hängweg« errichtet, die später ihren heutigen Namen erhielt. Aktuell besteht die Anlage, auf der bereits viele nationale und internationale Meisterschaften ausgetragen wurden, aus zwei Kleinschanzen (20 Meter und 40 Meter), einer 70-Meter-Schanze und der einzigen Normalschanze des Fichtelgebirges. Dieser 90-Meter-Bakken stellt damit die größte Schanze Nordbayerns dar, auch wenn sie leider aufgrund Modernisierungsbedarfs außer Betrieb ist.

Adresse Goldkronacher Weg, 95485 Warmensteinach | **Anfahrt** A 9, Ausfahrt Bayreuth-Nord, dann auf der Staatsstraße 2181 über Untersteinach, Weidenberg und Sophienthal bis nach Warmensteinach fahren, in der Ortsmitte bei der Schule nach links in die Löchleinstalstraße und sofort wieder links in die Kropfbachtalstraße abbiegen und bis zu den Schanzen am Goldkronacher Weg | **Tipp** Die sagenumwobene Königsheide lässt sich von hier aus sehr gut erwandern. Die Königsheideloipe ist zudem eine beliebte Adresse für Wintersportler.

81 Der verschwiegene Gasthof

Wo ein historisches Mordkomplott geschmiedet wurde

Die Straße durch das wildromantische Löchleinstal zwischen Warmensteinach und Grassemann ist sehr kurvenreich und eine beliebte Strecke für Motorradfahrer. Nicht selten kommt es zu gefährlichen Situationen, wenn so mancher Easy Rider etwas zu wild Gas gibt.

Heißblütig waren mit Sicherheit auch die jungen Leute, die sich vor 200 Jahren regelmäßig hier trafen. Nach dem Ende der Herrschaft Napoleons 1815 wurden liberale Strömungen und Forderungen nach einem Einheitsstaat massiv unterdrückt. Es gärte vor allem unter den jungen Studenten. Viele Burschenschaftler unterschiedlichster Universitäten kamen daher heimlich an abgelegenen Orten zusammen. Bis in die 1820er Jahre geschah dies auch in einem Wirtshaus im Löchleinstal. Einer der Konspiranten war der aus Wunsiedel stammende Jenaer Theologiestudent Carl Ludwig Sand. Anfang des Jahres 1819 beschlossen die Kommilitonen bei einem Treffen, dass der bekannte Theaterdichter und Generalkonsul am russischen Zarenhaus August von Kotzebue ein Vaterlandsverräter sei und sterben müsse. Kotzebue war unter den Studenten verhasst, da er immer wieder heftige Provokationen und Schmähungen gegen liberale und revolutionäre Gedanken veröffentlichte. Der 24-jährige Carl Sand wurde per Los zum Attentäter bestimmt und erstach den Politiker am 23. März 1819 in Mannheim. Der Mord sorgte deutschlandweit für Aufsehen und war Anlass für die sogenannten Karlsbader Beschlüsse. Die Tat Sands machte ihn zu einer der bekanntesten politischen Figuren des 19. Jahrhunderts. Er wurde in einem Schauprozess verurteilt und musste ein Jahr später seinen heißblütigen Freiheitsgedanken in Mannheim mit dem Leben bezahlen. Der ehemalige Gasthof ist heute ein wenig schönes Wohnhaus, keinerlei Gedenktafel erinnert an die historischen Studententreffen oder an Carl Ludwig Sand, die Biker fahren ahnungslos daran vorbei.

Adresse Löchleinstalstraße 77, 95485 Warmensteinach | **Anfahrt** A 9, Ausfahrt Bayreuth-Nord, dann auf der Staatsstraße 2181 über Untersteinach, Weidenberg und Sophienthal bis nach Warmensteinach fahren, in der Ortsmitte bei der Schule nach links in die Löchleinstalstraße abbiegen und ihr bis zum Ortsende folgen | **Öffnungszeiten** Nur von außen zu besichtigen | **Tipp** Das Fichtelgebirgs-Glasmuseum im Freizeithaus Warmensteinach ist durchaus einen Besuch wert.

82 Der Bergbauernhof

Leben und arbeiten wie vor 300 Jahren

Das Fichtelgebirge ist berühmt-berüchtigt für sein kaltes Klima mit langen, frostreichen Wintern und starken Schneeverwehungen, denen eher kurze, heiße Sommer mit kargen Erträgen auf wenig fruchtbaren Böden folgen. Die Menschen, die sich früher in den rauen Wäldern diesen Herausforderungen stellen mussten, hatten einen erheblichen Aufwand zu betreiben und große Entbehrungen auf sich zu nehmen, um ihren Lebensunterhalt in ausreichender Form bestreiten zu können. Sie lebten als Selbstversorger auf den von ihnen geschaffenen Rodungsinseln und mussten neben der Landwirtschaft noch zusätzlich im Wald, in den Steinbrüchen oder Bergwerken arbeiten und hinzuverdienen, damit ihre Familien satt wurden. Eine derartige Lebensweise erinnert heute an die Situation in manchen Entwicklungsländern und ist für die meisten Menschen bei uns kaum mehr vorstellbar.

Der im Jahr 1698 erbaute Schwärzerhof im Warmensteinacher Ortsteil Grassemann gibt einen äußerst interessanten Einblick in die harte Alltagswelt der Bergbauern im Fichtelgebirge vor 300 Jahren. Es ist ein Glücksfall, dass der eingeschossige Einfirsthof nicht wie fast alle seine Zeitgenossen der Spitzhacke zum Opfer gefallen ist. Das in Blockbauweise errichtete Wohnstallhaus mit steilem Satteldach war die typische Bauform landwirtschaftlicher Anwesen im südlichen Fichtelgebirge. Einst weit verbreitet, gehört es heute zu den letzten Blockbohlenhäusern in der gesamten Region. Bis auf zwei Umbaumaßnahmen im 18. und 19. Jahrhundert ist der Schwärzerhof unverändert erhalten geblieben. Nach mühevoller und detaillierter Restaurierung dient er seit 1992 der Öffentlichkeit als Freilandmuseum. Auf seinem Gelände befindet sich auch eine Infostelle des Naturparks Fichtelgebirge. Die Besucher können hier verschiedene sehenswerte Ausstellungen und vielfältige Aktivitäten rund um das Thema »Menschen und Wälder« erleben.

Adresse Grassemann 3, 95485 Warmensteinach | **Anfahrt** A 9, Ausfahrt Bayreuth-Nord, dann auf der Staatsstraße 2181 über Untersteinach, Weidenberg und Sophienthal bis nach Warmensteinach fahren, in der Ortsmitte bei der Schule nach links in die Löchleinstalstraße abbiegen und ihr bis Grassemann folgen | **Öffnungszeiten** Jan.–April So 14–16 Uhr, Mai–Okt. Mi–So 11–16 Uhr | **Tipp** Das Naturmoorbad in Fleckl bietet Badevergnügen der besonderen Art und ist von Grassemann aus gut zu erreichen.

83_Die Sprachgrenze

»Mer sichd ned werglich vill, ower dafia häjert ma umsua mejinerer«

Durch das Hohe Fichtelgebirge zieht sich eine markante Territorialgrenze, die 1536 zwischen dem Kurfürstentum der Oberen Pfalz und der hohenzollerischen Burggrafschaft von Nürnberg beziehungsweise der Markgrafschaft Bayreuth festgelegt wurde. Sie verläuft in etwa südlich der Kösseine, zieht sich nach Nordwesten zur Ochsenkopfregion und schwenkt dann nach Süden. 58 Grenzsteine, von denen die meisten noch erhalten sind, zeugen von dieser Landmarkierung, die über mehrere Jahrhunderte bestehen blieb – mit heute noch spürbaren Folgen.

Mitten durch das Gemeindegebiet von Warmensteinach verläuft diese ehemalige Grenze zwischen der preußischen Markgrafschaft und dem bayerischen Kurfürstentum beziehungsweise dem späteren Königreich Bayern. Der Ortsteilname »Grenzhammer« spricht für sich.

Die preußisch-bayerische Grenze zeigt sich aber nicht nur territorial, sondern auch konfessionell und sprachlich. Der Hauptort von Warmensteinach ist überwiegend evangelisch-lutherisch geprägt, man spricht mit deutlich fränkischem Akzent. Hinter Grenzhammer gelangt man in den Ortsteil Oberwarmensteinach, der bis 1978 noch eine eigenständige Gemeinde war. Das Dorf ist katholisch geprägt, und die Einheimischen sprechen hier Dialekt mit starkem oberpfälzischen Einschlag. Dies gilt auch für weitere Ortsteile wie Fleckl und Geiersberg. Innerhalb von nur wenigen hundert Metern ändert sich die Dialektfärbung völlig. Dies lag nicht zuletzt daran, dass man aufgrund unterschiedlicher Konfession mit den Menschen des jeweils anderen Dorfes nicht mehr Umgang haben sollte als nötig, von Eheschließungen ganz zu schweigen. Diese trennenden Mauern, auch die in den Köpfen, hatten leider lange Bestand. Heute wird zwar darüber gelächelt, die Sprachgrenze hört man aber nach wie vor.

Adresse Grenzhammer, 95485 Warmensteinach | **Anfahrt** A 93, Ausfahrt Marktredwitz-Nord, dann B 303 Richtung Bad Berneck, an der Abzweigung Fichtelberg nach links und den Staatsstraßen 2981 und 2181 über Fichtelberg, Hütten und Oberwarmensteinach bis nach Warmensteinach-Grenzhammer folgen | **Tipp** Am Durchbruch der Warmen Steinach bei Grenzhammer liegt der steile, aber begehbare Höllfelsen. Von oben hat man einen sehr guten Blick nach Warmensteinach und Oberwarmensteinach.

84__Das Landhaus Winifred Wagners

Wo »Winnie« ihre Götterdämmerung erlebte

Sie war eine der schillerndsten, dominantesten und auch umstrittensten Figuren auf dem Grünen Hügel in Bayreuth: die aus England stammende Winifred Wagner, geborene Williams. Die Ehefrau von Siegfried Wagner, dem Sohn Richard Wagners, hielt die Fäden der Bayreuther Festspiele fest in ihren Händen, nachdem ihr Mann und ihre hochbetagte Schwiegermutter Cosima beide im Jahr 1930 verstorben waren. Schicksalhaft war ihre Begegnung mit Adolf Hitler, den sie bereits 1923 kennengelernt hatte. Sie verfiel ihm geradezu und pflegte zeitlebens eine enge Freundschaft mit dem späteren Diktator. Wagner war eine überzeugte Anhängerin der NS-Ideologie, und die Beziehung zwischen Winnie (Wagner) und Wolf (Hitler), wie sich die Duzfreunde gegenseitig nannten, ließ landauf, landab allerlei Gerüchte ins Kraut schießen.

Als im April 1945 Bayreuth von alliierten Bombenangriffen schwer getroffen wurde, blieb auch die Wagnervilla »Wahnfried« nicht verschont. In Oberwarmensteinach besaß Winifred Wagner ein kleines Landhaus im Mausbachtal, das heute in Privatbesitz ist. Dorthin zog sich die Festspielchefin zurück und erlebte das Kriegsende sowie die nächsten Jahre in sicherer Entfernung zum zerbombten Bayreuth.

Einen besonderen Besuch im Landhaus bekam sie kurz nach dem Zusammenbruch des Dritten Reichs. Der Schriftsteller Klaus Mann, Sohn von Literaturnobelpreisträger Thomas Mann, kam als US-Soldat nach Deutschland zurück. Er interviewte Winifred Wagner im Sommer 1945 für das Streitkräftemagazin »Stars and Stripes« und erlebte sie dabei als »unverschämt unverlogen«. Sie zeigte sich auch lange nach Kriegsende ihrem Führer gegenüber als loyale Freundin, auch wenn sie im Gespräch mit Klaus Mann beteuerte, »mit Hitler nicht geschlafen« zu haben. Na immerhin.

Adresse Oberwarmensteinach 32, 95485 Warmensteinach | Anfahrt A 93, Ausfahrt Marktredwitz-Nord, dann B 303 Richtung Bad Berneck, an der Abzweigung Fichtelberg nach links und auf den Staatsstraßen 2981 und 2181 über Fichtelberg und Hütten bis Oberwarmensteinach fahren, bei der Kirche nach links abbiegen und dem Straßenverlauf bis zu Haus Nummer 32 (Haus »Hubertus«) folgen | Öffnungszeiten nur von außen zu besichtigen | Tipp Die katholische Barockkirche Sankt Laurentius in Oberwarmensteinach von 1757 ist einen Besuch wert.

85__Die Filmkulisse

»Klappe … und Action!«

Wer von Bayreuth aus dem Tal der Warmen Steinach aufwärts folgt, dem öffnet sich bei Weidenberg quasi das Tor zum Fichtelgebirge.

Der historische Ortskern der oberfränkischen Marktgemeinde ist ein Kleinod, das nach und nach wiederentdeckt wird. Das pittoreske Ensemble erstreckt sich rund um den Kirchhügel mit der evangelischen Pfarrkirche Sankt Michael und dem darunterliegenden Rathaus bis hinauf zum Oberen Markt und dem sogenannten Alten Schloss. Zahlreiche denkmalgeschützte Sandsteingebäude mit ziegelroten Walmdächern aus dem 18. und 19. Jahrhundert säumen die mit Kopfsteinpflaster versehenen Straßen und Gassen. Historische Scheunen in der Wolfskehle, mehrere Brunnen und die vielen Sandsteinkeller runden ein Gesamtbild ab, auf das mittlerweile auch die filmschaffende Branche aufmerksam geworden ist.

Mit zunehmender Begeisterung suchen Film- und Fernsehproduzenten regelmäßig nach geeigneten Drehorten in Oberfranken und im Fichtelgebirge. Dadurch setzen sie erfolgreich die Region als vielseitige und attraktive Filmlandschaft in Szene. Namhafte und preisgekrönte Regisseure entschieden sich dabei bereits mehrmals für Weidenberg. Den Anfang machte das Team um Marcus H. Rosenmüller, bekannt durch Kinoerfolge wie »Wer früher stirbt, ist länger tot« und »Sommer in Orange«. Weil nicht zuletzt die alten Gassen und Häuser sehr gut das Ambiente einer deutschen Kleinstadt der 1930er Jahre widerspiegeln, wählte Rosenmüller das Ortszentrum als Kulisse für die 2008 entstandene Romanverfilmung »Die Perlmutterfarbe«. 2014 folgte Oliver Hirschbiegel (»Das Experiment«, »Der Untergang«) nach und bannte hier zentrale Sequenzen für das Geschichts-Drama »Elser – Er hätte die Welt verändert« auf Zelluloid. Auch für weitere Produktionen, darunter der erfolgreiche Fernsehmehrteiler »Tannbach«, bot sich Weidenberg in diversen Einstellungen an. »… und Schnitt!«

Adresse Obere Marktstraße, 95466 Weidenberg | **Anfahrt** A 9, Ausfahrt Bayreuth-Nord, dann auf der Staatsstraße 2181 Richtung Weidenberg, Ausfahrt Weidenberg, weiter über Glasstraße, Bahnhofstraße, Lindenstraße und Neue Straße ins historische Ortszentrum fahren | **Tipp** Die alljährlich stattfindende Weidenberger Kellernacht ist ein Muss für alle kulturbegeisterten Sommernachtschwärmer.

86 Die Scherzenmühle

»Rickeracke! Rickeracke!«

Der siebte und letzte Streich von Max und Moritz endet für die beiden bösen Buben bekanntlich bitter im Mahlgang der Mühle. Wilhelm Buschs schaurig-schöne Illustrationen zeigen dabei sehr genau den Aufbau eines typisch altdeutschen Getreidemahlwerks:

Wasser fällt von oben auf die Schaufeln des Mühlrades. Dieses sogenannte oberschlächtige Wasserrad treibt über hölzerne Winkelzahnräder den Mahlgang an. Er hat eine erhöhte Arbeitsbühne, auf der der Müller – normalerweise – das zu mahlende Getreide über einen großen Aufschütt-Trichter in die Bütte mit den schweren Mahlsteinen einfüllt. Keine Chance für Getreidekörner oder grobe Gesellen. Unten kommt dann das Mahlgut, die Kleie, heraus, die Öffnung hierfür ist mit einer kunstvollen hölzernen Gesichtsmaske, dem »Kleiekotzer«, verziert.

Nur zwei voll funktionsfähige altdeutsche Getreidemühlen am Ort ihrer Entstehung gibt es noch in Bayern. Eine davon ist die Scherzenmühle in der Weidenberger Au. Lange Zeit sah es so aus, als ob der Zahn der Zeit sie hinwegraffen würde, doch 1986 kaufte die Ortsgruppe des Fichtelgebirgsvereins die unter Denkmalschutz stehende, aber unbewohnte und schon stark verfallene Anlage. Binnen fünf Jahren wurde die alte Mühle, deren Kern bis ins Jahr 1600 zurückgeht, für über 1,5 Millionen D-Mark nach strengen denkmalpflegerischen Maßstäben restauriert und die historische Bausubstanz gesichert. Seit 1991 ist die Scherzenmühle ein Freilichtmuseum, das den Betriebszustand um das Jahr 1900 und die Wohneinrichtung aus der Zeit um 1930 zeigt. Die staunenden Besucher können heute über das Jahr hinweg bei verschiedenen Gelegenheiten an Schaumahlvorführungen teilnehmen und hautnah miterleben, dass der Müllerberuf früher eine körperlich äußerst anstrengende Tätigkeit war und mit landläufiger Mühlenromantik nichts zu tun hatte. Nur Max und Moritz waren seinerzeit noch näher am Geschehen dran …

Adresse In der Au, 95466 Weidenberg | **Anfahrt** A 9, Ausfahrt Bayreuth-Nord, dann auf der Staatsstraße 2181 Richtung Weidenberg, bei Mengersreuth rechts abbiegen auf die Staatsstraße 2177 Richtung Immenreuth, dann rechts abbiegen auf die Warmensteinacher Straße und sofort links in die Au einbiegen und bis zur Mühle | **Öffnungszeiten** nach Vereinbarung über Mailadresse: vollkornmehl@online.de | **Tipp** Ein Besuch der Volkskundlichen Sammlung in den Kellerräumen der Verbandsschule Weidenberg (Schulstraße 3) mit über 3.800 Ausstellungsstücken aus den Bereichen Landwirtschaft, Handwerk und Haushalt lohnt sich.

87 Die Destillerie Sack

Wahrhaftig gute Geiste seit über 150 Jahren

Das älteste Geschäft von Weißenstadt betritt man mitten in der Altstadt über den Hinterhof. Hier gelangt man in Gerald Kastls Reich, denn in den Räumen der ehemaligen Drogerie Sack befindet sich die gleichnamige Destille, die zu den besten in Bayern zählt. Als 1864 der Weißenstädter Carl Sack in seiner »Specerey-Waren-Handlung« damit begann, Heidelbeerlikör zu produzieren, nahm eine mittlerweile über 150 Jahre andauernde Erfolgsgeschichte ihren Lauf. In nunmehr fünfter Generation werden Spirituosen nach alter Handwerkskunst hergestellt. Die mit der Zeit entwickelten und gesammelten Rezepturen für diverse Kräuterliköre der Oberklasse hütet der Chef des Hauses wie einen Schatz. Fest steht dabei, dass in »Sack's Destille« nur reinste und beste Naturrohstoffe aus überwiegend heimischen Beeren, Kräutern und Wurzeln Verwendung finden. Künstliche Zusätze oder Farbstoffe haben hier nichts verloren.

Mit Erfolg: Die qualitativ hochwertigen geistreichen Erzeugnisse wurden schon mehrfach prämiert und von kulinarischen Fachzeitschriften empfohlen. Das Spitzenprodukt des kleinen, aber feinen Traditionsbetriebs ist der Kräuterbitter mit dem wohlklingenden Namen »Fichtelgold«. 32 Kräuter aus dem Fichtelgebirge, darunter die farbgebende Arnikapflanze, finden meisterhaft komponiert mit 44 Volumenprozent Alkohol zusammen.

Ein Extra-Schmankerl in Sack's Destille stellt das liebevoll eingerichtete private Drogeriemuseum im ersten Stock dar. Die Familien- und Firmengeschichte wurde dort in unzähligen, teils kuriosen Gegenständen zusammengetragen, denn man hat über die Jahrhunderte schlichtweg – oder glücklicherweise – nichts weggeworfen. Besucher können zum Beispiel das gesamte Drogerie-Inventar bewundern, darunter eine Waage mit Schalen aus echtem Kuhhorn. Nicht zuletzt lädt ein alter Spielzeugdrogerie-Kaufladen zum genüsslichen Schwelgen in der Vergangenheit ein.

Adresse Kirchenlamitzer Straße 12 (Eingang Schulstraße), 95163 Weißenstadt, www.destillerie-sack.de | **Anfahrt** A 93, Ausfahrt Thiersheim, dann Staatsstraße 2180 über Röslau bis Weißenstadt, in der Altstadt am Marktplatz in die Kirchenlamitzer Straße abbiegen und ihr bis zur Destillerie folgen | **Öffnungszeiten** Mo–Sa 10–12 Uhr | **Tipp** Eine Führung in die Weißenstädter Unterwelt, den sogenannten »Kristallgang« unter der Stadt, oder zu den zahlreich vorhandenen Felsenkellern sollte nicht versäumt werden.

88 Das Kleine Museum

Konkrete Kultur auf der Peunt

Was haben die Metropolen der Welt und Weißenstadt gemeinsam? Sie können ein Museum für zeitgenössische Kunst vorweisen. Das Kleine Museum in Weißenstadt bringt Großstadtflair aufs Land, und das in mehrfacher Hinsicht.

Optisch setzt das Museumsgebäude ein Ausrufezeichen, und auch der Standort »auf der Peunt« hat für die Unternehmerin und Museumsgründerin Dr. Laura Krainz-Leupoldt eine besondere Bedeutung. Die Peunt war früher eine eingezäunte Wiese, die jeder landwirtschaftlich geprägte Ort besaß. Sie lieferte das beste Heu für das Milchvieh der Bauern. Auf diesem guten, fruchtbaren Boden sollte nun internationale konkrete Kunst im ländlichen Raum ihren Platz finden. Das alte nüchterne Postamtsgebäude wurde umgebaut, und die architektonische Umsetzung übernahm kein Geringerer als der Italiener Marcello Morandini, einer der renommiertesten Vertreter der konkreten Kunst in Europa, der auch für das Selber Porzellanunternehmen Rosenthal als Designer fungierte. Morandini gestaltete eine Museumsfassade, wie man sie nur in Metropolen vermuten würde. Das harmonisch wirkende Zusammenspiel der einfachen geometrischen Grundformen Rechteck, Kreis und Dreieck und der Kontrastfarben Schwarz und Weiß zeichnet die Designphilosophie des Architekten sowie die Grundprinzipien der konkreten Kunst nach. Auch im Innenraum setzt sich diese Linie fort.

Der mutige Schritt der Kunstmäzenin Krainz-Leupoldt hin zum Kleinen Museum erwies sich als goldrichtig, und die konkrete Saatkultur auf der Peunt ging – um im Bild zu bleiben – voll auf. Seit der Eröffnung des Privatmuseums im Jahr 2007 reiht sich eine hochkarätige Ausstellung an die nächste. Weißenstadt ist bei Kunstliebhabern längst zum Geheimtipp avanciert. Ergänzt wird das Museumskonzept durch die Dokumentation der erfolgreichen Firmengeschichte der Weißenstädter Unternehmerfamilie Leupoldt.

Adresse Goethestraße 15, 95163 Weißenstadt, www.kulturaufderpeunt.de | **Anfahrt** A 93, Ausfahrt Thiersheim, dann Staatsstraße 2180 über Röslau bis Weißenstadt, kurz nach dem Ortseingang rechts in die Wunsiedler Straße und erneut rechts in die Goethestraße abbiegen und ihr zum Kleinen Museum folgen | **Öffnungszeiten** Do–Sa 13.30–17 Uhr | **Tipp** Nach dem Kunstgenuss empfiehlt sich ein Besuch im Konditorei-Café Seel. Der mehrfach ausgezeichnete Familienbetrieb bietet sinnlich-süße Spezialitäten der feinsten Art.

89 Der Poesiepfad

Meine Worte – dein Stein – mein See – dein Pfad

Der Weißenstädter See ist mit etwa 50 Hektar Wasserfläche der größte See im Fichtelgebirge. Schon früher lag an gleicher Stelle der historische Stadtteich, der lange Zeit dem Markgrafen von Bayreuth als Fischgrund diente. Im 19. Jahrhundert legte man den See trocken, bis die Fläche 1976 wieder geflutet wurde. Heute ist das künstlich angelegte Staugewässer ein attraktiver Eckpfeiler für den Tourismus in der Region. Vielfältige Freizeitaktivitäten locken die Menschen in Scharen an seine Gestade oder ins kühle Nass. Neben der Naherholung bietet der nordwestliche Uferbereich auch einen Rückzugsraum für geschützte Wasservögel und Amphibien.

Besonders beliebt ist der 3,8 Kilometer lange und rollstuhlgerecht ausgebaute Uferweg rund um den Weißenstädter See. Beim Flanieren kann man seit 2004 eine weitere Attraktion erleben, den Poesiepfad. Insgesamt 14 Stelen aus heimischen Gesteinen wie dem Wunsiedler Marmor oder dem Kösseinegranit säumen den Seerundweg. In jede sind Wortkonstellationen aus dem »Stundenbuch« Eugen Gomringers eingemeißelt.

Das bereits 1965 erschienene Werk der konkreten Poesie besteht gemäß den 24 Stunden eines Tages aus 24 Wörtern, die mit den Possessivpronomina »mein« und »dein« versehen und als Gegensatzpaare kombiniert werden. Das in Stein gemeißelte Wort kann der Betrachter in zweifacher Hinsicht be-greifen, als konstruktiv-ästhetische Skulptur und als konkrete Botschaft. Mit dem Wasserrauschen des Sees im Hintergrund wird jede Station zu einem interessanten meditativen Erlebnis. Dadurch steht das »Stundenbuch« Gomringers in gewisser Weise in der Tradition des mittelalterlichen Horariums, eines katholischen Andachtsbuches für das Stundengebet. Der heutige Mensch kann bei den poetischen Stelen am See jedenfalls kurz innehalten, seine Gedanken bewusst entschleunigen und dabei neu sortieren – ein wahrer Segen in unserem hektischen Alltag.

Adresse Uferweg, 95163 Weißenstadt | **Anfahrt** A 93, Ausfahrt Thiersheim, dann Staatsstraße 2180 über Röslau bis Weißenstadt, kurz nach dem Ortseingang links Richtung Altstadt abbiegen und bis zum Kurpark in der Bayreuther Straße | **Tipp** Der interessant angelegte Kurpark auf dem ehemaligen Grasyma-Steinwerk-Gelände ist einen Besuch wert.

90 Das Rogg-in

Volles Korn – der Roggen rockt!

In der heutigen schnelllebigen Konsumgesellschaft wird über das Thema »Brot« leider kaum mehr nachgedacht. In den Supermärkten unterbietet man sich ständig im Preis nach dem Motto: »Unser tägliches Brot gib uns jetzt sofort, und zwar möglichst billig!« Wer kennt eigentlich noch den Geschmack von echtem, frisch gebackenem Brot? Wer kauft noch in einer traditionellen Bäckerei? Welches Getreide wird zum Brotbacken verwendet?

Das »Rogg-in«, das seit 2014 bestehende pädagogisch-poetische Informationszentrum für Roggen-Kultur in Weißenstadt, möchte Licht ins Dunkel bringen. Der Innenraum des Ausstellungsgebäudes ist auf angenehme Weise in den Farben Braun und Gold gehalten. Die Besucher erleben hier auf einer Fläche von 300 Quadratmetern einen auf museumspädagogisch höchstem Niveau umfassenden Einblick in die Geschichte des wichtigsten Getreides im Fichtelgebirge. Aufgrund seiner Genügsamkeit kommt der Roggen mit den hiesigen nährstoffarmen Böden und dem rauen Klima bestens zurecht. Über Jahrhunderte bildete dieses »Gold der Region« das Rückgrat der Landwirtschaft und stellte die Grundversorgung mit Brot sicher. Die alte Kulturpflanze Roggen erlebt mit dem immer stärker werdenden Gesundheitsbewusstsein der Menschen heute eine Wiederentdeckung und eine neue Wertschätzung, denn das Vollkorngetreide ist nachweislich gesünder als Weizen, besser verträglich und ein Nährstofflieferant der Extraklasse für den Körper.

Zur Philosophie der Roggenkultur gehört auch die Entdeckung der Langsamkeit und Ruhe, denn das Backen eines Roggenvollkornbrotes braucht viel Zeit und Sorgfalt. Doch dieses entschleunigende Moment ist gerade heute so wichtig für viele Menschen. Das Rogg-in bietet seinen Besuchern an, sich eine kleine Auszeit zu nehmen, um zum Beispiel auch durch den 2.000 Quadratmeter großen Roggengarten zu spazieren und die dort aufgestellten Kunstwerke zu genießen.

Adresse Goethestraße 25, 95163 Weißenstadt, www.rogg-in.de | Anfahrt A 93, Ausfahrt Thiersheim, dann Staatsstraße 2180 über Röslau bis Weißenstadt, kurz nach dem Ortseingang rechts in die Wunsiedler Straße und erneut rechts in die Goethestraße abbiegen und ihr zum Rogg-in folgen | Öffnungszeiten Do–Sa 13.30–17 Uhr | Tipp Für gesundheitsbewusste Menschen bietet die Therme Siebenquell direkt am Weißenstädter See ein vielfältiges Wellnessangebot und ist eine Oase der Entspannung.

91__Die Drei Brüder

Das schönste und härteste Matratzenlager

Wenn man direkt vor der beeindruckenden Felsengruppe der »Drei Brüder« steht, kann bei näherem Betrachten die Phantasie schon etwas mit einem durchgehen. Die drei haushohen Felspartien aus Granit, die sich seit Millionen Jahren aus den Wäldern unweit des Rudolfsteins erheben und in gebührendem Abstand zueinander stehen, wirken wie versteinerte Riesen aus einem Märchen. Je nach Lichteinfall bietet zum Beispiel der östliche der drei Gesellen geradezu sphinxartige Gesichtszüge mit tief liegenden Augenhöhlen, Nase und Kinn. Kein Wunder, dass sich um dieses Felsenensemble von alters her Sagen ranken, dass es sich um adlige Brüder gehandelt habe, die hier durch einen bösen Zauber verflucht und in Stein verwandelt worden seien.

Märchen hin, Sagen her – die Drei Brüder im Schneebergmassiv sind in jedem Fall einzigartige Felstürme von besonderer Ästhetik. Ihr wie von Zyklopenhand geschaffenes Aussehen verdanken sie einem lang andauernden Verwitterungs- und Erosionsprozess. Der hier vorherrschende Zinngranit ist vor etwa 285 Millionen Jahren entstanden. Er bildete sich aus aufsteigender Gesteinsschmelze, die unter hohem Druck und hohen Temperaturen in mehreren Kilometern Tiefe erstarrte. Nach dem Abkühlen entwickelte sich auf natürliche Weise ein System aus fast rechtwinklig zueinander stehenden Gesteinsklüften. In vielen Jahrmillionen der Hebung wurde das über dem Granit liegende Material abgetragen. Der nach und nach an die Erdoberfläche gelangte Zinngranit wurde so mit der Zeit von der Verwitterung stark bearbeitet und entlang der Spalten abgerundet. Wegen der Anordnung der Klüfte sind dadurch Strukturen entstanden, die an übereinandergestapelte Bettmatratzen erinnern, man spricht dabei auch von »Matratzenverwitterung«. Dieses uralte Matratzenlager ist heute bei Kletterern ein sehr beliebter Treffpunkt und zählt außerdem zu den schönsten Geotopen Bayerns.

Adresse Rudolfstein, 95163 Weißenstadt | **Anfahrt** A 93, Ausfahrt Thiersheim, dann Staatsstraße 2180 über Röslau bis Weißenstadt, kurz nach dem Ortseingang links abbiegen und bis zum Wanderparkplatz »Rudolfstein/Lederer« am Waldrand fahren, ab hier zu Fuß auf dem markierten Höhenweg (weißes H auf rotem Grund) über den Rudolfstein zu den Drei-Brüder-Felsen | **Tipp** Von der Aussichtsplattform des 866 Meter hoch gelegenen Rudolfsteins hat man einen hervorragenden Blick über Weißenstadt und das Innere des Fichtelgebirgshufeisens.

92__Das Uranbergwerk

Wo einst eine strahlende Zukunft gesucht wurde

Nach dem Zweiten Weltkrieg war es durch Alliiertenbeschluss für Bergbauunternehmen in Deutschland nicht erlaubt, dass Uranerz abgebaut oder nach entsprechenden Lagerstätten geforscht wurde. Dennoch unternahm ab 1950 die zum Flick-Konzern gehörende Maxhütte aus dem oberpfälzischen Sulzbach-Rosenberg getarnte Versuchsgrabungen im Fichtelgebirge. Am nordöstlichen Fuß des Rudolfsteins bei Weißenstadt wurde ein seit den 1920er Jahren bestehender Zinnerzerkundungsstollen als »Zinnerzuntersuchungsbetrieb Werra« weitergeführt.

Die Bedeutung dieses Unternehmens zeigte sich nicht zuletzt, als 1955 der Bundesminister für Atomfragen Franz Josef Strauß die Anlage besuchte. Erst ein Jahr später wurde der Uranabbau am Rudolfstein öffentlich bekannt gegeben. Stolz präsentierten Vertreter aus Politik und Wirtschaft 62 von der Firma Degussa geprägte Medaillen aus Uran den zahlreichen Kameras. In Weißenstadt entstand hierauf ein regelrechter »Atom-Hype«. Die Kommune sollte zur »Atomstadt« ausgebaut werden, ein lokales Brauereiunternehmen warb sogar mit der Marke »Atombier«. Ein derart lockerer Umgang mit dem Thema Atomkraft ist heute nach den Havarien von Tschernobyl und Fukushima nicht mehr vorstellbar.

Doch der Traum von einer strahlenden Zukunft währte nicht allzu lange. Hohe Produktionskosten und ein zu niedriger Uranpreis auf dem Weltmarkt machten das Weißenstädter Uran unrentabel. Der Betrieb auf den sechs Sohlen, die insgesamt bis zu 240 Meter tief sind, wurde 1957 vorläufig eingestellt und 1990 endgültig stillgelegt. 2014 schließlich begannen mit der Wiederherstellung des Stollenmundlochs die Arbeiten am Ausbau zu einem Besucherbergwerk. Seit 2016 sind in den Sommermonaten geführte Besichtigungen in der ehemaligen Zinnerzgrube Werra, Westdeutschlands erstem Uranbergwerk, möglich. Den Rest des Jahres dient das Bergwerk streng geschützten Fledermäusen als Refugium.

Adresse Rudolfstein, 95163 Weißenstadt | **Anfahrt** A 93, Ausfahrt Thiersheim, dann Staatsstraße 2180 über Röslau bis Weißenstadt, kurz nach dem Ortseingang links abbiegen und bis zum Wanderparkplatz »Rudolfstein / Lederer« am Waldrand fahren (von hier circa 1,3 Kilometer Wanderung zum Bergwerk) | **Öffnungszeiten** Mai – Sept. (Anfragen bei Kur- und Touristinformation Weißenstadt, Tel. 09253/95031) | **Tipp** Der Geo-Erlebnisweg »Historischer Zinnbergbau am Rudolfstein« liefert weitere interessante Details über den Bergbau in der Region.

93_Der Atombunker

Nichts für Klaustrophobiker

Im Kalten Krieg war die Lage des Fichtelgebirges in unmittelbarer Nähe zur innerdeutschen und tschechoslowakischen Grenze militärstrategisch von großer Bedeutung. Die NATO rechnete fest damit, dass der Ostblock im Falle eines heißen Krieges hier eine Großoffensive starten würde. Dass dabei auch Nuklearwaffen eingesetzt werden könnten, war ebenso zu befürchten. Beide Bündnisse standen sich bis an die Zähne bewaffnet gegenüber. Alle wissen aber auch, dass das atomare Armageddon ausgeblieben ist und der Kalte Krieg friedlich mit der Wiedervereinigung Deutschlands und dem Zerfall des Warschauer Paktes endete. Die Geschichte hat es glücklicherweise einmal gut gemeint mit Europa.

Wer heute in Wunsiedel über den Platz-der-Stadt-Mende hinüber zum Landratsamt schlendert, in der Stadtbibliothek schmökert oder sich in der Fichtelgebirgshalle ein Konzert anhört, ahnt möglicherweise nicht, dass beim Bau dieses Verwaltungs- und Kulturkomplexes in den Jahren 1983 und 1984 auch an den atomaren Ernstfall gedacht worden war. Wenn man in die Tiefgarage des Landratsamts einfährt, betritt man auch eine ehemalige sogenannte »Zivilschutz-Mehrzweckanlage«, die wohl größte im Fichtelgebirge. Wo ganz normal Autos parken, wäre im Kriegsfall theoretisch Platz für insgesamt 1.580 Zivilisten gewesen, das entspricht etwas mehr als 15 Prozent der Stadtbevölkerung Wunsiedels. Bei Alarm hätte sich ein atombombensicheres Schutzraumtor geschlossen und die Tiefgarage hermetisch abgeriegelt.

Erst vor wenigen Jahren wurde dieses Tor abgebaut und das Gebäude dadurch »entfestigt«. Wenn man aber über den Platz-der-Stadt-Mende die Tiefgarage betritt, kann man noch den alten Schleusenzugang sowie Teile der Entlüftungsanlage mit ihren kreisrunden Gitteröffnungen besichtigen. Einen Schauer über den Rücken, das Gefühl von Platzangst sowie einen Eindruck der gesamten Absurdität des Kalten Krieges bekommt man gratis dazu.

Adresse Jean-Paul-Straße 5–9, 95632 Wunsiedel | **Anfahrt** A 93, Ausfahrt Marktredwitz-Nord, dann B 303 Richtung Wunsiedel, Ausfahrt Wunsiedel, dann Staatsstraße 2177 bis nach Wunsiedel, dem Straßenverlauf bis zum Ludwig-Hacker-Platz folgen, weiter nach rechts in die Hornschuchstraße ein- und sofort nach links in die Dr.-Schmidt-Straße abbiegen, links Zufahrt zur Tiefgarage des Landratsamts | **Tipp** Ironischerweise liegt direkt neben der ehemaligen Zivilschutzanlage der Stadtfriedhof von Wunsiedel, der zusammen mit der Gottesackerkirche aber äußerst sehenswert ist. Die Jesusfigur am Kruzifix über dem Altar trägt echtes Menschenhaar.

94 Die ewige Baustelle

Einfach Kult!

»Wann ist sie denn endlich fertig, Ihre Kneipe?« Mit dieser Frage löcherten die Schülerinnen und Schüler von German Schlaug ihren Kunstlehrer nahezu ständig. Dessen kurze Antwort: »Tja, wisst ihr, das ist eine ewige Baustelle. Aber an einem Freitag um 19 Uhr ist Eröffnung.« So ähnlich könnte der Name der mit Abstand originellsten und kultigsten Kneipe im gesamten Fichtelgebirge vor mehr als 20 Jahren entstanden sein.

Über sieben Jahre arbeitete sich der Künstler Schlaug mit Leidenschaft und Akribie durch ein abbruchreifes altes Wunsiedler Bürgerhaus, das er 1991 gekauft hatte. Allein drei Jahre dauerte es, bis die archäologischen Untersuchungen sowie alle Ausgrabungen abgeschlossen waren und die Entstehungsgeschichte des Gebäudes sich wie ein Puzzle zusammensetzen ließ.

Das Ergebnis ist eine einzigartige Zeitreise durch 700 Jahre Baugeschichte zurück ins Spätmittelalter. Das Haus steht im ältesten Siedlungskern der Stadt und setzt sich eigentlich aus drei Einheiten zusammen, die erst während der Renaissancezeit zu einem Gebäude vereint wurden. Älteste Teile stammen aus der ersten Hälfte des 14. Jahrhunderts, wie datierte Holzlatrinen- und Keramikfunde ergeben haben. Zudem wurden die diversen Stadtbrände am Gebäude nachgewiesen und vor allem, wie es danach jeweils wieder aufgebaut wurde. Die wechselvolle Geschichte der Hausbewohner seit dem 14. Jahrhundert konnte ebenso rekonstruiert werden. Der bekannteste dürfte Heinrich Holzschuher gewesen sein, der Schöpfer des zweiten und dritten Verses von »O du fröhliche«, der 1798 hier geboren wurde.

Für die Kneipengäste wurde ein Konzept entwickelt, das sie an dieser besonderen Zeitreise teilnehmen lässt: Verglaste Wand- und Bodenplatten, unverputzte Gewölbedecken und Wände, durchdachtes Lichtdesign und stilvolles Mobiliar lassen den Aufenthalt zu einem echten Happening werden. Baustellenkultur vom Feinsten!

Adresse Breite Straße 3, 95632 Wunsiedel, www.ewigebaustelle.de | Anfahrt A 93, Ausfahrt Marktredwitz-Nord, dann B 303 Richtung Wunsiedel, Ausfahrt Wunsiedel, dann Staatsstraße 2177 bis nach Wunsiedel, dem Straßenverlauf bis zum Ludwig-Hacker-Platz folgen, an der Kreuzung nach links in die Ludwigstraße einbiegen und die zweite Straße nach links in die Breite Straße abbiegen | Öffnungszeiten Mi–So ab 16 Uhr (Mo und Di Ruhetag) | Tipp Der Gabelmannsbrunnen am gleichnamigen Platz unweit der »Baustelle« gehört zu den ältesten und schönsten Brunnen der Stadt.

95 Das Fichtelgebirgsmuseum

Bayerns größtes Regionalmuseum

Wer behauptet, ein Museum für regionale Geschichte und Handwerkskunst sei eine verstaubte Angelegenheit, der hat entweder Vorurteile oder war noch nie in einem solchen. Oder beides. Das Fichtelgebirgsmuseum jedenfalls bietet mit seinem interaktiven Museumskonzept einen umfassenden Einblick in den früheren Alltag und die Arbeitswelt der Menschen im Fichtelgebirge. Wer wissen möchte, mit welchen Spielsachen sich Kinder vor über 100 Jahren die Zeit vertrieben haben oder wie früher gefärbt wurde, kann es hier sehen. Wer Zinngießen, eine Schmiede live erleben oder vielleicht selbst das Töpfern oder Steinmetzen ausprobieren will, kann in den verschiedenen aktiven Schauwerkstätten hautnah dabei sein und mitgestalten.

Dies war genau im Sinne des Wunsiedler Apothekers und Mineralogen Dr. Albert Schmidt, der 1907 das Museum gegründet hatte, um altes, verdrängtes Handwerk lebendig zu halten. Seit 1964 befinden sich die Räumlichkeiten in mehreren Gebäuden rund um den historischen Spitalhof. Dieses ehemalige »Laienbruderhaus« für zwölf verarmte Handwerker wurde 1451 von Sigmund Wann gestiftet, einem wohlhabenden Handwerksmeister und Geschäftsmann, der in Wunsiedel und Eger gewirkt hatte. Auch die benachbarte Spitalkirche wurde auf Wanns Initiative hin erbaut.

Nach mehreren Ausbaustufen hat das Fichtelgebirgsmuseum inzwischen eine Ausstellungsfläche von 3.100 Quadratmetern erreicht. Wissenswertes zur Regional- und Kulturgeschichte des Fichtelgebirges, historische Möbel, eine umfassende Spezialbibliothek und nicht zuletzt die von Dr. Schmidt dem Museum vermachte Mineraliensammlung mit über 2.000 einzigartigen Exponaten runden das Angebot ab. Interessante Sonderausstellungen sorgen für Aktualität und Abwechslung. Seit 2010 gehört das Volkskundliche Gerätemuseum in Arzberg-Bergnersreuth zum Fichtelgebirgsmuseum. Wer will nun immer noch behaupten, ein Regionalmuseum wäre langweilig?

Adresse Spitalhof 5, 95632 Wunsiedel, www.fichtelgebirgsmuseum.de | Anfahrt A 93, Ausfahrt Marktredwitz-Nord, dann B 303 Richtung Wunsiedel, Ausfahrt Wunsiedel, dann Staatsstraße 2177 bis nach Wunsiedel, dem Straßenverlauf bis zum Ludwig-Hacker-Platz folgen, weiter geradeaus auf der Jean-Paul-Straße, an der nächsten Kreuzung nach links in die Maximilianstraße abbiegen und ihr bis zum Spitalhof (rechts) folgen | Öffnungszeiten Di–So 10–17 Uhr | Tipp Das Museumscafé im Spital bietet regionale Köstlichkeiten in besonderem Ambiente.

96 Das Jean-Paul-Geburtshaus

Die Wiege des »Lieblingsdichters der Deutschen«

Mit etwas Pathos kann durchaus behauptet werden, dass der 21. März 1763 eine Sternstunde für Deutschlands Kulturlandschaft markiert. Im Schulhaus am Kirchplatz zu Wunsiedel wurde an diesem Frühlingstag der Knabe Johann Paul Friedrich Richter als erstes Kind des Lateinschullehrers und späteren Pfarrers Johann Christian Christoph Richter und dessen Gemahlin Sophie Rosina geboren. Die Welt sollte ihn unter seinem späteren Künstlernamen Jean Paul kennen- und schätzen lernen. Obwohl der junge Johann Paul nur zweieinhalb Jahre in Wunsiedel verbrachte, hatte der Dichter Jean Paul – ganz typisch für ihn – tiefe, träumerisch-melancholische Gefühle für seine Geburtsstadt im Herzen des Fichtelgebirges übrig: »Ich bin gern in dir geboren, Städtchen am langen, hohen Gebirge, dessen Gipfel wie Adlerhäupter zu uns niedersehen! […] Ich bin gern in dir geboren, kleine, aber gute lichte Stadt!« Jean Paul war ein großer Anhänger der Aufklärung. Die Wahl seines Künstlernamens kommt auch nicht von ungefähr, denn er verehrte den Gelehrten Jean-Jacques Rousseau sehr. Jean Pauls Freigeist und seine teils querköpfigen und skurrilen Gedanken über die Welt ziehen sich wie ein roter Faden durch sein umfangreiches Werk, das heute auch wegen des sehr komplexen Schreibstils leider zu Unrecht etwas in Vergessenheit geraten ist, obwohl er nach wie vor zu den meistgelesenen Schriftstellern Bayerns zählt. Günter Grass sagte einmal, dass man den Klassiker Jean Paul lesen müsse, wenn man in Deutschlands Literaturlandschaft hintersinnigen Humor suche.

In Wunsiedel spielt der Dichter eine wichtige Rolle. Auf dem Jean-Paul-Platz vor dem Geburtshaus steht für den großen Sohn der Stadt eine 1845 von Ludwig Schwanthaler aus München geschaffene Bronzebüste. Zum 250. Geburtstag Jean Pauls wurde 2013 das nach Originalplänen rekonstruierte Geburtszimmer eingeweiht, es sollte unbedingt besucht werden.

Adresse Jean-Paul-Platz 5, 95632 Wunsiedel | **Anfahrt** A 93, Ausfahrt Marktredwitz-Nord, dann B 303 Richtung Wunsiedel, Ausfahrt Wunsiedel, dann Staatsstraße 2177 bis nach Wunsiedel, dem Straßenverlauf bis zum Ludwig-Hacker-Platz folgen, weiter geradeaus auf der Jean-Paul-Straße, an der nächsten Kreuzung nach links in die Maximilianstraße abbiegen und bis zur Stadtkirche links | **Öffnungszeiten** am besten nachschauen unter www.jean-paul-geburtszimmer.de | **Tipp** Die sehenswerte evangelische Stadtkirche Sankt Veit liegt direkt neben dem Geburtshaus des berühmten Dichters.

97 Der Katharinenberg

Bayerns ältester Bürgerpark in neuem Gewand

Es ist ein wahres Erlebnis für die Sinne, wenn man auf dem Gipfel des Katharinenbergs steht, zur Ruhe kommt und den Blick schweifen lässt. Wunsiedels Wahrzeichen und ältestes Gebäude, die Ruine der ehemaligen Wallfahrtskirche Sankt Katharina aus der Mitte des 14. Jahrhunderts, steht dort von hohen Laubbäumen eingesäumt. Nur die Spitze des Westturmes überragt das Blätterdach, dessen Rauschen im Wind eine wohltuende Hintergrundstimmung erzeugt. Dazwischen ertönt vielfältiges Vogelgezwitscher oder das Hämmern eines Spechts. Hier am Hausberg Wunsiedels ist man wohl der Wahrnehmung einer Idealvorstellung von romantischer Natur schon recht nahe.

Und das bereits seit 1811: Die Sicherung der seit der Reformation nach und nach verfallenen Kirche durch entschlossene junge Wunsiedler Bürger bildete die Grundlage für Bayerns ersten Bürgerpark. Mehrere nacheinander realisierte historische Gartenanlagen mit unterschiedlichen Grundrissen und Rundwegen, zum Teil im Stile eines englischen Landschaftsgartens, prägten in den Folgejahrzehnten den Katharinenberg, der für die Bürger der Stadt zu einem Erholungsort avancierte.

Mit der Zeit kam die Anlage in die Jahre, und einige Teilbereiche verwilderten. Doch heute ist an Ort und Stelle durch ein neu entwickeltes, intelligentes und nachhaltiges Nutzungskonzept ein Kleinod für die Region entstanden. Durch behutsame Pflege der Flora und Fauna können sich die teils über 200 Jahre alten, gewachsenen Parkstrukturen etablieren und mit Hilfe modernster Didaktik dem Besucher vermittelt werden. Hierzu dient unter anderem die Umweltstation »Lernort Natur-Kultur«, die anhand des Bürgerparks Katharinenberg zeigen will, dass ein gleichzeitiges positives Zusammenspiel von menschlichem Wirken und einer ökologischen Vielfalt durchaus sehr gut möglich ist. Dies geht – zum Glück – über romantische Naturidealvorstellungen deutlich hinaus.

Adresse Katharinenberg, 95632 Wunsiedel | Anfahrt A 93, Ausfahrt Marktredwitz-Nord, dann B 303 Richtung Wunsiedel, Ausfahrt Wunsiedel, dann der Staatsstraße 2177 beziehungsweise der Marktredwitzer Straße folgen, nach rechts in die Zufahrtsstraße »Am Katharinenberg« einbiegen | Öffnungszeiten ganzjährig geöffnet; Termine am besten nachschauen unter www.lernort-buergerpark.de | Tipp Der topmoderne Greifvogelpark Katharinenberg mit Falknerei bietet unter anderem atemberaubende Flugvorführungen. Ein Besuch sollte keinesfalls versäumt werden.

98 Das Koppetentor

Das letzte Stadttor und Wahrzeichen Wunsiedels

Wunsiedels Stadterhebung 1326 durch den Burggrafen von Nürnberg machte die kleine Siedlung im Röslautal zur ersten und damit ältesten Stadt im Fichtelgebirge. Der Zinnbergbau und die Herstellung von Weißblech ließen den Ort ziemlich schnell aufblühen. Teile der nach und nach errichteten Befestigungsanlagen sowie der Stadtmauer sind noch an verschiedenen Stellen in der »Stadt mit den marmelsteinernen Mauern«, wie Wunsiedel zeitweise auch genannt wurde, zu erkennen. Das wahrscheinlich bekannteste Wahrzeichen der späteren Sechsämterstadt ist das betürmte Westtor der Altstadt an der Kemnather Straße – das Koppetentor. Es ist die letzte von ehemals drei Toranlagen, die noch erhalten ist. Dabei handelt es sich um einen spätmittelalterlichen Torturm, der nach einer Erweiterung der Stadtbefestigung in den Jahren 1467 bis 1471 erbaut worden war. Der quadratische Grundriss des wuchtigen spätgotischen Turmes verändert sich nach oben hin und wird im oberen Drittel achteckig.

Der Name »Koppetentor« wirkt auf viele irritierend, er ist aber so alt wie das Tor selbst und bereits seit 1471 schriftlich belegt. Während man lange Zeit dachte, »Koppet« wäre auf »Kappe« oder »Haube« zurückzuführen, ist mittlerweile gesichert, dass der Turm bei seiner Fertigstellung nur ein Notdach hatte und somit die sonst übliche Spitze fehlte. Der neue Stadttorturm war demnach abgekappt und wirkte auf den Betrachter wie geköpft – »koppet« eben. Wohl erst Jahre später erhielt er eine Turmhaube. Sein heutiges, unverkennbares Aussehen verdankt der Koppetentorturm dem Wiederaufbau im Jahr 1838, nachdem vier Jahre zuvor zwei Drittel von Wunsiedel beim letzten großen Stadtbrand zerstört worden waren. Dabei erhielt er ein klassizistisch-romantisches Facelift mit mehreren Rundbogenfenstern und einem bezinnten Turmabschluss im florentinischen Stil, so wie es dem damaligen Zeitgeist entsprach.

Adresse Koppetentorstraße, 95632 Wunsiedel | Anfahrt A 93, Ausfahrt Marktredwitz-Nord, dann B 303 Richtung Wunsiedel, Ausfahrt Wunsiedel, dann auf der Staatsstraße 2177 nach Wunsiedel fahren und dem Verlauf der Marktredwitzer Straße folgen, am Gabelmannsplatz nach links in die Burggraf-Friedrich-Straße, dann nach rechts und auf der Alten Landgerichtsstraße bis zur Kreuzung Koppetentorstraße | Öffnungszeiten nur von außen zu besichtigen | Tipp Das traditionelle Brunnenfest wird jedes Jahr am Samstag vor dem Johannifest (24. Juni) gefeiert. Über 30 kunstvoll geschmückte Brunnen sind dann zu bestaunen, die Anlage bei der Koppetentorstraße Nummer 13 gehört zu den ältesten der Stadt.

99 Die Mumie

Wo die sprichwörtliche Leiche im Keller liegt

Sie ist unter den Schülerinnen und Schülern des Luisenburg-Gymnasiums bekannt wie ein bunter Hund und im Geschichtsunterricht in der Unterstufe ein wahres Highlight: eine echte, über 2.000 Jahre alte ägyptische Mumie aus der Ptolemäerzeit, die seit 1884 zur Inventarliste der Stadt gehört.

Der Wunsiedler Kaufmann Johann Christian Heß, der in Alexandria ein großes Handelshaus besaß und der Großvater des späteren Hitler-Stellvertreters Rudolf Heß war, machte 1883 der Gewerbeschule Wunsiedel zum 50-jährigen Schuljubiläum den mumifizierten Leichnam zum Geschenk. Man weiß von dessen Herkunft nur so viel, dass es sich um eine männliche Leiche handelt, deren Einbalsamierung sehr aufwendig vollzogen worden war. Diese Prozedur, die nur wohlhabenden Menschen vorbehalten war, muss etwa 40 Tage gedauert haben. Heute ist die Mumie 152 Zentimeter groß und 26 Kilogramm schwer, die Leinenbinden sind fast schwarz verfärbt, die Nase fehlt. Dafür hat sie – und das ist kein Witz – zwei Einschusslöcher im Körper vorzuweisen, eines im Kopf und ein weiteres in der linken Brust. Der reiche Ptolemäer hatte nämlich die zweifelhafte Ehre, nach über 2.000 Jahren erneut zu sterben. Nach dem Ende des Zweiten Weltkrieges befand sich der alte Ägypter auf dem Dachboden der Schule, die der US-Armee als Lazarett diente. Offenbar trieben irgendwelche Soldaten beim Durchstöbern des Speichers üble Scherze mit der Leiche, die zu allem Überfluss aus dem Dachfenster geworfen wurde und sich dabei – wie spätere Röntgenaufnahmen zeigen sollten – auch noch beide Füße brach.

Nach umfangreichen fachmännischen Restaurierungsarbeiten fand die Mumie 1985 im Keller des Gymnasiums ihren endgültigen Platz als kurioses Lehrobjekt. Ihr Fluch hat bislang noch keinen getroffen, weder Lehrer noch Schüler, auch wenn man manche missglückte Arbeit dem ältesten Fichtelgebirgler in die Binden schieben wollte …

Adresse Burggraf-Friedrich-Straße 9, 95632 Wunsiedel | **Anfahrt** A 93, Ausfahrt Marktredwitz-Nord, dann B 303 Richtung Wunsiedel, Ausfahrt Wunsiedel, dann auf der Staatsstraße 2177 beziehungsweise der Marktredwitzer Straße nach Wunsiedel fahren und dem Verlauf der Marktredwitzer Straße folgen, am Gabelmannsplatz nach links in die Burggraf-Friedrich-Straße abbiegen | **Öffnungszeiten** nach Voranmeldung über das Sekretariat des Luisenburg-Gymnasiums (Tel. 09232/99040) | **Tipp** Das Naherholungsgebiet am Eisweiher unterhalb des Gymnasiums bietet vielfältige Freizeitaktivitäten.

100_Das Naturstein-Archiv

Wo man sich steinreich fühlen kann

Das Fichtelgebirge ist »Bayerns steinreiche Ecke«. Diese liebevolle Bezeichnung stammt von Friedrich Müller, der in den 1960er Jahren in Wunsiedel das Deutsche Naturstein-Archiv (DNSA) gegründet hat. In der Region haben Handwerksberufe rund um die Steinbearbeitung eine sehr lange Tradition. Dieses jahrhundertealte Wissen weiterzugeben hat sich das Europäische Fortbildungszentrum (EFBZ) für Steinmetz- und Steinbildhauerhandwerk zum Ziel gesetzt. Es bildet zusammen mit der seit dem Jahr 1900 bestehenden Staatlichen Fachschule für Steintechnik und Gestaltung, der Staatlichen Berufsschule Marktredwitz/Wunsiedel Abteilung Steintechnik und dem DNSA das international renommierte Steinzentrum Wunsiedel. Vor allem für Fortbildungen im Bereich der Steinrestauration und Denkmalpflege ist man hier an erster Adresse. In Zeiten steigender Luftverschmutzung werden diese immer wichtiger, denn schwefelhaltige Säure aus Industrieabgasen sorgt zum Beispiel dafür, dass sich kunstvolle, 1.000 Jahre alte Sandsteinornamente an Gebäuden regelrecht auflösen.

Von besonderer Bedeutung ist das Naturstein-Archiv. Auf Müllers Initiative hin, für die Steinfachschüler gängige Werksteine als Lehrmaterial zur Verfügung zu stellen, entwickelte sich die heute weltweit größte Sammlung an Werksteinen. Sie umfasst gut 6.000 Steinmusterplatten aus über 100 Ländern, darunter 1.500 verschiedene Gesteine aus Deutschland. Die Platten mit einheitlichem Format bestechen durch ihre Farbenvielfalt und zeigen das unschlagbare künstlerische Talent von Mutter Natur. Ergänzt wird das Wunsiedler Steinreich durch eine Lehrsammlung mit etwa 4.000 Handstücken sowie 1.500 Mineralien aus der ganzen Welt und 1.000 wunderschön bunten Dünnschliffpräparaten für mikroskopische Untersuchungen. Hier ist aber – um im Bild zu bleiben – noch lange kein Schlussstein gesetzt, die Sammlungen werden laufend erweitert.

Adresse Marktredwitzer Straße 60, 95632 Wunsiedel, www.efbz.de | **Anfahrt** A 93, Ausfahrt Marktredwitz-Nord, dann B 303 Richtung Wunsiedel, Ausfahrt Wunsiedel, dann der Staatsstraße 2177 beziehungsweise der Marktredwitzer Straße bis zum Steinzentrum am Ortseingang von Wunsiedel folgen | **Öffnungszeiten** kein öffentliches Museum, Zugang für interessierte Privatpersonen nach Voranmeldung (Tel. 09232/1038) | **Tipp** Der Skulpturengarten des Steinzentrums beherbergt zahlreiche Werke internationaler Steinbildhauerkünstler.

101 Das Sängergrab

Peter Hofmanns letzte Ruhestätte

Er war der Rock 'n' Roller unter den Heldentenören und verordnete in den 1970er Jahren der schon etwas angestaubten Opernwelt auf dem Grünen Hügel in Bayreuth eine regelrechte Frischzellenkur: Der 1944 in Marienbad geborene Peter Hofmann ging mit 32 Jahren als jüngster Parsifal aller Zeiten in die Geschichte der weltberühmten Bayreuther Festspiele ein und begründete damit eine Sängerkarriere, die ihn in ungeahnte Höhen, aber auch in bittere Abstürze führen sollte, die von der Boulevardpresse bis ins Detail ausgeschlachtet wurden.

Hofmann wuchs im hessischen Darmstadt auf und galt als Leichtathletiktalent. Doch entdeckte er in seiner Stimme die eigentliche Begabung. Nach professionellem Gesangsunterricht und dem Studium an der Musikhochschule in Karlsruhe, das er sich durch eine sechsjährige Verpflichtung als Fallschirmjäger bei der Bundeswehr finanzierte, debütierte Peter Hofmann 1972 in Lübeck als Tamino in Mozarts »Zauberflöte«. Doch schon bald wurde der blond gelockte Hüne mit der athletischen Figur zum Vorzeigeheldentenor in Wagneropern. So trat er in Bayreuth von 1976 bis 1989 regelmäßig auf. Der gefeierte Star, der lange Jahre auf Schloss Schönreuth bei Kemnath lebte, erhielt 1982 einen Grammy in der Kategorie »Beste Oper« als Siegmund in Richard Wagners »Walküre«, zweifellos der Höhepunkt seiner Karriere als klassischer Tenor. Ein weiteres Standbein schaffte sich Hofmann als Musical- und Rocksänger. Sein 1982 erschienenes Album »Rock Classics« wurde mit Doppelplatin ausgezeichnet. In Hamburg lieh er zudem ab 1990 erfolgreich dem »Phantom der Oper« seine Stimme.

Doch gesundheitlich ging es Peter Hofmann zunehmend schlechter. Der einst vor Kraft strotzende Startenor litt seit 1994 an Parkinson und erkrankte 2002 an Demenz. Er starb am 29. November 2010 im Klinikum Selb an den Folgen einer Lungenentzündung und wurde in Wunsiedel beigesetzt.

Adresse Egerstraße 8, 95632 Wunsiedel | **Anfahrt** A 93, Ausfahrt Marktredwitz-Nord, dann B 303 Richtung Wunsiedel, Ausfahrt Wunsiedel, dann Staatsstraße 2177 bis nach Wunsiedel, dem Straßenverlauf bis zum Ludwig-Hacker-Platz folgen, weiter geradeaus auf der Jean-Paul-Straße, an der Kreuzung nach rechts in die Egerstraße abbiegen und bis zum Stadtfriedhof fahren; Grab südöstlich der Friedhofskirche in der gepflasterten Ost-West-Hauptachse der Anlage | **Tipp** Der Brauereigasthof Ratsstuben in der nur wenige Gehminuten entfernten Maximilianstraße überzeugt mit seinem gelungenen Angebot aus fränkischer und hanseatischer Küche.

102 Das Zeitelmoos

»O schaurig ist's übers Moor zu gehen …«

Der Beginn der berühmten Ballade von Annette von Droste-Hülshoff kommt einem unweigerlich in den Sinn, wenn man sich in das Zeitelmoos bei Wunsiedel begibt: Verkrüppelte Äste, bemooste Bäume, morgendliche Nebelschwaden, alles ist ins Zwielicht der aufgehenden Sonne getaucht. Im Fichtelgebirge befinden sich Nordbayerns weitflächigste Moore, wobei das Zeitelmoos das einst größte zusammenhängende Hochmoorgebiet der gesamten Region darstellt. Das etwa 78 Hektar umfassende Naturschutzareal liegt nordwestlich der Stadt Wunsiedel zwischen den Ortschaften Vordorf und Röslau. Der Name leitet sich von der Zeidlerei ab, der Nutzung von Waldbienen, die seit dem Mittelalter hier Tradition hatte.

Die immense Bedeutung der Moore für uns Menschen stellte sich nach und nach heraus. Für den Klimawandel können sie durch ihre Fähigkeit, Kohlenstoffdioxid zu speichern, eine entscheidende Rolle spielen. Ehemals trockengelegte oder abgetorfte Moore werden heute äußerst aufwendig renaturiert, es werden jedoch noch Jahrhunderte ins Land ziehen, bis aus den heutigen Anmoorflächen wieder vollständige Hochmoore gewachsen sind.

Man sollte bei Streifzügen durch das Zeitelmoos tunlichst auf den markierten Wanderwegen bleiben, weniger weil man selbst stecken bleiben könnte, sondern aufgrund der Vielzahl an streng geschützten Pflanzen- und Insektenarten, die teilweise nur hier vorkommen, wie zum Beispiel die Glänzende Seerose, der Hochmoorbläuling oder die Mond-Azurjungfer, eine extrem seltene Libellenart.

Bekannt ist das ehemalige Hochmoor auch für seine zahlreichen Sagen und Mythen, die sich um Gestalten ranken, die sich darin befinden sollen, so etwa die sirenenhaften, ewig lockenden Moosweiblein. Der Breslauer Maler und Schriftsteller August Kopisch verfasste im 19. Jahrhundert das Gedicht »Zeitelmoos«, in dem es heißt: »Geh heim zum Feuer, und wärme dich; im Zeitelmoos ist's nicht geheuer!«

Adresse Zeitelmoos, 95632 Wunsiedel | **Anfahrt** A 93, Ausfahrt Marktredwitz-Nord, dann B 303 Richtung Wunsiedel, Ausfahrt Wunsiedel, dann stets der Staatsstraße 2177 durch Wunsiedel hindurch folgen, nach dem Ortsende in Richtung Röslau fahren und nach etwa 2 Kilometern am Wanderparkplatz Zeitelmoos links einbiegen | **Tipp** Westlich des Zeitelmooses liegt der kleine Ort Vordorf. Auf dem Dorfplatz steht die »Bärentränke«, ein Denkmal für den 1769 im Schneeberggebiet erlegten letzten Bären Nordbayerns.

103 Der Zuckerhut

16 Meter indoor am Vertical Limit

Alte, marode und ungenutzte Häuser sind den Bürgern häufig ein Dorn im Auge, vor allem, wenn sie so hoch sind, dass sie jedem sogleich auffallen müssen. Es bedarf schon wahrhaft pfiffiger Ideen, um hier trotz Denkmalschutz der Abrissbirne zuvorzukommen. Im Falle der Alten Zuckerfabrik in Wunsiedel, dem höchsten historischen Gebäude der Stadt aus dem Jahr 1811, ist dabei ein großer städtebaulicher Wurf gelungen. Der Grundgedanke war hier so einfach wie genial: Reduktion. Die seit Jahren leer stehende und unansehnliche Industriebrache, die zwischen 1845 und Anfang des 20. Jahrhunderts auch als Gerichtsgebäude herhalten musste, wurde im Jahr 2009 komplett entkernt, alle Zwischengeschossdecken wurden herausgenommen. Es entstand ein wahrer Augenöffner: 800 Quadratmeter Grundfläche und 16 Meter lichter Raum vom Grund bis zum Dachfirst. So war Platz genug geschaffen für den »Zuckerhut«, Oberfrankens höchste Kletterhalle, in der sich heute Scharen von Sportlern aller Altersgruppen an den verschiedensten Schwierigkeitsgraden versuchen.

Das so aus seinem Dornröschenschlaf erweckte Areal ist aber auch von außen ein regelrechter Hingucker geworden. So verbindet ein elegant geschwungener, geschlossener Brückenbau aus leuchtend rotem Leimholz den Zuckerhut mit der »Vitalscheune«, dem als präventives Trainingszentrum errichteten Nachbargebäude. Beide Bauten bilden nun eine funktionale Einheit, wobei innerhalb des Verbindungsgangs durch eine intensive blaue Beleuchtung optisch ein interessanter Kontrast zum hellen und weiten Innenraum der Kletterhalle erzeugt wird.

Wunsiedels besonderer Gesundheitstempel mit dem lustigen Namen, der an die ursprüngliche Zuckerherstellung im Haus erinnert, hebt sich im wahrsten Wortsinn von der Umgebung ab. Wo früher tonnenweise Kalorien produziert wurden, können nun in besonderem Ambiente ebensolche wieder verbrannt werden.

Adresse Marktredwitzer Straße 5a, 95632 Wunsiedel, www.kletterhalle-zuckerhut.de | Anfahrt A 93, Ausfahrt Marktredwitz-Nord, dann B 303 Richtung Wunsiedel, Ausfahrt Wunsiedel, dann der Staatsstraße 2177 beziehungsweise der Marktredwitzer Straße in Wunsiedel folgen | Öffnungszeiten Mo–Sa 9–21.30 Uhr, So und Feiertage 10–21.30 Uhr | Tipp Einer der schönsten Brunnen der Stadt befindet sich vor dem Landratsamt in der Jean-Paul-Straße. Er stellt das hufeisenförmige Fichtelgebirge mit seinen verschiedenen Granitarten dar.

104 Das älteste Dorf

Quicklebendig seit 1135

Das Klima ist optimal im Mitteleuropa des Hochmittelalters, sodass sich die Menschen verstärkt hier niederlassen und die noch weitgehend unberührten Wälder roden. Gleichzeitig werden zahlreiche Städte gegründet, so viele wie seit der Römerzeit nicht mehr. Auch die sehr wald- und wildreiche Region des Fichtelgebirges gerät immer mehr in den Fokus wirtschaftlicher Interessen der jeweiligen Landesherren.

Am 15. Juni 1135 wird am Fluss Regen in der Oberpfalz das Benediktinerkloster Reichenbach eingeweiht. Der Markgraf Diepold III. von Vohburg bestätigt an diesem Tag schriftlich eine bereits in früherer Zeit durchgeführte Schenkung »in regione Egere«, also im Egerland, und nennt auch einen konkreten Namen, nämlich »Gotefridesrewt«. Das bedeutet, dass ein gewisser Adliger, hier der Ministeriale Gottfried von Wetterfeld, eine »Reuth« betrieben, also eine Rodungsinsel im Wald geschaffen hat. Die Endung »-reuth« kommt übrigens bei vielen Ortsnamen in Nordbayern vor.

Das 1135 beschriebene »Gotefridesrewt« ist damit der älteste urkundlich erwähnte Ort im Fichtelgebirgsraum. Es entwickelte sich zu einem Dorf und wurde 1182 erstmals als »Godfridsgrune« bezeichnet – eine Vorform des heutigen Göpfersgrün. Es wechselte mehrfach den Besitzer. Über 100 Jahre später, im Jahr 1288, ging es vom Kloster Reichenbach an das Klosterstift in Waldsassen. Weitergegeben wurde es in der Mitte des 15. Jahrhunderts an den Burggrafen von Nürnberg, den späteren Fürsten und Markgrafen von Bayreuth. Verwaltet wurde der Ort von Wunsiedel im Sechsämterland. Seit 1818 gehört das Dorf Göpfersgrün mit seinen heute etwa 150 Einwohnern zur politischen Gemeinde Bernstein, die ihrerseits 1978 nach Wunsiedel eingemeindet wurde. Bekannt ist Göpfersgrün für sein in Deutschland einmaliges Vorkommen des Minerals Steatit, besser bekannt als Speckstein, das in der Grube Johanneszeche abgebaut wurde.

Adresse Göpfersgrün, 95632 Wunsiedel | **Anfahrt** A 93, Ausfahrt Thiersheim, dann der Staatsstraße 2665 in Richtung Wunsiedel-Holenbrunn bis Göpfersgrün folgen | **Tipp** Das »Wirtshaus im Gut« in Göpfersgrün ist ein mehrfach ausgezeichnetes Lokal in einem liebevoll restaurierten Ambiente. Es wird unter anderem für seine Fischgerichte sehr geschätzt.

105__Der Panoramagipfel

Am höchstgelegenen Wohnort Frankens

Die 939 Meter hohe Kösseine ist nach Schneeberg, Ochsenkopf und Nußhardt der vierthöchste Gipfel im Fichtelgebirge, doch aufgrund ihrer zentralen Lage genießt die »Königin des Fichtelgebirges« mit ihrem charakteristischen Doppelgipfel den Status als Hausberg. Ihr Granit mit seiner unverwechselbaren blauen Färbung ist in Europa einzigartig. Über den Namen des bekannten Gebirgsstocks, der 1283 als »Choeszin« zum ersten Mal auftaucht, wurde lange Zeit gerätselt. Heute gilt als am wahrscheinlichsten, dass er auf das slawische Wort für Ziegenberg, »kozina«, zurückzuführen ist.

Die Kösseine war schon immer ein markanter Grenzberg im Fichtelgebirge. Hier verlief unter anderem die alte Grenze zwischen dem bayerischen Kurfürstentum und der Burggrafschaft von Nürnberg, der späteren Markgrafschaft von Bayreuth-Ansbach. Dies entspricht noch heute zum Teil dem Grenzverlauf zwischen den Regierungsbezirken Oberpfalz und Oberfranken. Ihr Bekanntheitsgrad stieg 1805 rapide an, als die preußische Königsfamilie samt Hofstaat mehrere Wochen lang in Bad Alexandersbad weilte und am 17. Juni einen großen Ausflug zur Kösseine unternahm, wofür extra ein Fahrweg angelegt wurde.

Die Aussicht vom Gipfel ist wahrscheinlich mit die schönste in der gesamten Region. Vom 1924 aus Granitstein errichteten Kösseineturm hat man einen herrlichen Panoramarundblick über das gesamte Fichtelgebirge und den Steinwald, nach Osten hin bis zum Erzgebirge und weit ins Egerland und bei gutem Wetter nach Südosten über den Oberpfälzer Wald bis hin zum Bayerischen Wald. Direkt unterhalb des Gipfels liegt das 1903 eröffnete Kösseinehaus. Die beliebte Ausflugsgaststätte mit Übernachtungsmöglichkeit ist ein sehr geselliger Treffpunkt für alle Kösseinefans. Legendär sind auch die Silvesterfeiern auf der »Kösser«, wo man am höchstgelegenen Wohnort Frankens das neue Jahr auf ganz besondere Art begrüßen kann.

Adresse Kösseineweg 1, 95632 Wunsiedel | **Anfahrt** A 93, Ausfahrt Marktredwitz-Nord, dann B 303 Richtung Wunsiedel, Ausfahrt Wunsiedel-Luisenburg, dann nach links auf die Luisenburgstraße einbiegen und der Beschilderung zum Wanderparkplatz folgen, zu Fuß auf einem von 13 verschiedenen Wanderwegen zum Kösseinegipfel | **Öffnungszeiten** unterschiedlich je nach Jahreszeit und Wochentag, einsehbar unter www.das-koesseinehaus.de | **Tipp** Das Dorfmuseum in Kleinwendern am nordöstlichen Fuß der Kösseine ist empfehlenswert.

106__Das Felsenlabyrinth

Wo einen der Granit nicht mehr loslässt

Unmittelbar neben Deutschlands ältester Freilichtbühne befindet sich der Eingang zu Europas größtem Granitblockmeer, dem Luisenburg-Felsenlabyrinth. Unzählige tonnenschwere Steinblöcke, die das tropische Klima früherer Erdepochen stark verwittern ließ, liegen wie zyklopenhafte Bauklötze durch- und übereinander. Durch die verwinkelten Klüfte und Spalten der 300 Millionen Jahre alten Granitriesen des großen und kleinen Felsenlabyrinths führt Deutschlands schönster Wanderpfad, teilweise über angelegte Steintreppen und Holzleitern. Seltenes Leuchtmoos sorgt für einen besonderen Zauber.

Johann Wolfgang von Goethe war derart fasziniert und überwältigt von dem Blockmeer, dass er es 1785 und 1820 gleich zweimal aufsuchte. Er wollte der Entstehung dieser Giganten genauer auf den Grund gehen. Sein Ausspruch »Der Granit lässt mich nicht mehr los« wird im Labyrinth zum geflügelten Wort. Goethe fertigte umfangreiche Skizzen und Detailstudien von verschiedenen Felsformationen an. Seine Theorie über Granit und Erosion ist heute ein Stück Wissenschaftsgeschichte.

Das Labyrinth wurde vermutlich schon sehr früh, spätestens jedoch ab 1790 begehbar gemacht. Weitere Erschließungsphasen kamen ab 1805 nach der Umwidmung des längst aufgegebenen mittelalterlichen Burgstalls Luxburg in Luisenburg hinzu. 1820 war der wahrscheinlich älteste bürgerliche Landschaftsgarten Deutschlands im Felsenlabyrinth fertiggestellt und ist seither die größte Naturattraktion des Fichtelgebirges. Es wird auch Geschichte lebendig gemacht. Verschiedene Felsgruppen stehen in Beziehung zueinander. Der markante »Napoleonshut« zum Beispiel liegt unerreichbar zwischen »Zuckerhut« und »Helgoland«. Hier wird auf die Kontinentalsperre Englands von 1806 bis 1813 durch Napoleon und den daraus entstandenen Zuckermangel in Europa sowie den Güterschmuggel über die Insel Helgoland angespielt.

Adresse Luisenburg, 95632 Wunsiedel, www.wunsiedel.de/tourismus/felsenlabyrinth-luisenburg | Anfahrt A 93, Ausfahrt Marktredwitz-Nord, dann B 303 Richtung Wunsiedel, Ausfahrt Wunsiedel-Luisenburg, dann nach links auf die Luisenburgstraße einbiegen und der Beschilderung zum Felsenlabyrinth folgen | Öffnungszeiten Ende März–Mitte Nov. täglich 8.30–18 Uhr, während der Festspielzeit bis 19 Uhr | Tipp Zwischen Felsenlabyrinth und Kösseine liegt der ebenfalls von Goethe besuchte und erforschte Burgsteinfelsen, der eine sehr gute Panorama-Aussicht bietet.

107_Das Freilichttheater

Die schönste Bühne der Welt

Wenn Feuilletonisten Superlative vergeben, dann sollten diese auch ernst genommen werden. Bei der »schönsten Bühne der Welt«, der Luisenburg bei Wunsiedel, wurde jedenfalls mit Lobeshymnen zu Recht nicht gegeizt. Die alljährlich von Juni bis August stattfindenden Luisenburg-Festspiele auf Deutschlands ältester und traditionsreichster Freilichtbühne sind überregional bekannt und kultureller Höhepunkt im Fichtelgebirge. Die vielfältigen Darbietungen vom Kinder- und Familientheater über die beim Publikum sehr beliebten Volkstheaterstücke und Bühnenklassiker bis hin zu Oper-, Operetten- und Musicalaufführungen bieten für jeden Geschmack etwas, das Ensemble ist zudem erstklassig besetzt.

Seit 1890 finden vor einzigartiger moosbewachsener Felsenkulisse und Fichtenwald, die Teil des berühmten Granitfelsenlabyrinths sind, Theateraufführungen statt, 1914 erstmals mit professionellen Schauspielern. Doch die Theatergeschichte der Luisenburg beginnt viel früher. Bereits im Jahr 1665 führten Wunsiedler Lateinschüler anlässlich ihres Sommerfestes am 13. Juli, dem Margarethentag, selbst verfasste Stücke auf. Die Stelle an den Hängen der alten Luxburg, wie das Gelände bis zum Besuch der preußischen Königin Luise samt Familie 1805 hieß, wird Margarethenstein genannt und ist einer von sieben nachgewiesenen Bühnenplätzen auf der Luisenburg.

Die 2011 bis 2013 ausgebaute Bühnenanlage mit Membranzeltdach für fast 1.900 Zuschauer zählt mittlerweile zu den modernsten Freilichtbühnen. Über 130.000 Festspielgäste pilgern jährlich auf die Luisenburg. Erfahrene Theaterfans gehen aber nicht ohne wärmende Decke zu den Aufführungen, denn es kann auch an Sommerabenden im Fichtelgebirge empfindlich kühl werden. Die Theaterschauspieler stehen dafür auch bei Wind und Wetter auf den schönsten Brettern, die die Welt bedeuten, und wärmen sich am frenetischen Applaus des begeisterten Publikums.

Adresse Luisenburg 2, 95632 Wunsiedel | **Anfahrt** A 93, Ausfahrt Marktredwitz-Nord, dann B 303 Richtung Wunsiedel, Ausfahrt Wunsiedel-Luisenburg, dann nach links auf die Luisenburgstraße einbiegen und der Beschilderung zur Freilichtbühne folgen | **Öffnungszeiten** am besten nachschauen unter www.luisenburg-aktuell.de | **Tipp** Der Berggasthof Waldlust liegt nur wenige Gehminuten entfernt unterhalb der Theaterbühne und lädt nach dem kulturellen Höhepunkt des Abends zu kulinarischen Gaumenfreuden ein.

108 Der Dorfbrunnen

Wo Funktionalität auf Ästhetik trifft

Das Kirchdorf Schönbrunn gibt es schon seit über 800 Jahren. Und der Dorfname ist Programm. Gleich mehrfach heimste der seit 1975 in die Stadt Wunsiedel eingemeindete Ort Preise beim Wettbewerb »Unser Dorf soll schöner werden« ein. Neben zahlreichen denkmalgeschützten Häusern ist vor allem der Gemeindebrunnen eine echte Rarität.

1831 entwickelte der erfinderische Schönbrunner Pfarrer Florian Heinrich Cloether eine neue Brunnenanlage, nachdem deren Vorgängerin versiegt war. Die Hauptfunktion sollte wie beim alten Brunnen darin bestehen, die Milchkannen der Landwirte zu kühlen. Darum wird der Schönbrunner Dorfbrunnen auch als »die Milchgrube« bezeichnet. Um ein kreisrundes Wasserbecken reihen sich insgesamt zehn abschließbare Steinkammern, durch die das gewonnene Quellwasser hindurchfließen kann. Der Bau wurde quasi genossenschaftlich finanziert, indem jeder Landwirt anteilig seinen Bedarf an Milchkammern bezahlte. Für die Bauherren und den Gemeindevorstand war es ebenso wichtig, dass das neue Bauwerk nicht nur zweckmäßig war, sondern auch dem Ortsnamen Ehre machte. Pfarrer Cloether schlug vor, dass um den Brunnen gepflanzte Laubbäume der Verschönerung dienen sollten. Seine Vorstellungen setzte er schlussendlich sogar gerichtlich durch, und so wurde noch im selben Jahr der neue schöne Brunnen fertiggestellt.

Der technische Fortschritt und die Erfindung von Kühlgeräten machten den Brunnen mit seiner Milchkammerkühlung überflüssig. Er drohte zwischenzeitlich zu verfallen. Doch nach einer aufwendigen und detailgetreuen Sanierung von Brunnen und Umfeld erstrahlt die heute denkmalgeschützte Anlage in neuem Glanz. Der schöne Brunnen von Schönbrunn ist ohne Zweifel einer der schönsten im Fichtelgebirge, der ungewöhnlichste auf jeden Fall. Dem 1839 zum Professor an der Polytechnischen Zentralschule in München ernannten Pfarrer Cloether hätte dies gefallen. Einfach schön!

Adresse Brunnenstraße, 95632 Wunsiedel-Schönbrunn | **Anfahrt** A 93, Ausfahrt Marktredwitz-Nord, dann B 303 Richtung Wunsiedel, Ausfahrt Furthammer/Schönbrunn, dann der Schönbrunner Straße folgen und nach links in die Bayreuther Straße nach Schönbrunn abbiegen, bei der Brauerei erneut nach links in die Brunnenstraße abbiegen und bis zum Dorfbrunnen fahren | **Tipp** Die evangelisch-lutherische Pfarrkirche Sankt Peter ist das älteste Gebäude Schönbrunns und nicht zuletzt wegen ihrer besonders guten Akustik einen Besuch wert.

109 Das Erotik-Bier

Vom erregenden Moment des Biergenusses

Jürgen Hopf ist – nomen est omen – Bierbrauer aus Leidenschaft. In Schönbrunn bei Wunsiedel leitet er die Geschicke des Familienunternehmens Lang-Bräu nun bereits in fünfter Generation. Seit 1853 ist die Privatbrauerei ein fester Bestandteil der Genussregion Oberfranken und heute eine der führenden der Region. Generation Nummer sechs steht bereits in den Startlöchern, um diese Erfolgstradition fortzusetzen.

Zum Erfolg gehört auch, dass Braumeister Hopf nicht nur etwas von Hopfen und Malz versteht, sondern auch vom Marketing seiner Produkte. 2002 ist ihm ein Coup der besonderen Art gelungen: Die Brauerei begann mit dem Abfüllen einer neuen Kreation, dem »Erotik-Bier«. Mit 13,1 Prozent Stammwürze, einem anregenden Etikett und sehr leicht bekleideten Kronkorken-Damen versehen, ist die Zielgruppe des ein wenig herben »Bieres der Nacht«, wie der »Libido-goldene« Gerstensaft auch genannt wird, eindeutig festgelegt. Hopf schuf dazu – gar nicht augenzwinkernd – die sagenhafte Geschichte vom Braumeister, der das Erotik-Bier ausschließlich nachts und lediglich mit einer Schürze bekleidet braut.

Das Ergebnis war eine Sensation: Schlagartig und buchstäblich über Nacht war die Brauerei aus dem Fichtelgebirge mit ihrem weltweit einzigartigen Erotik-Bier überall bekannt. Der laszive Trank mit der Erotikgarantie des Braumeisters wurde zum Verkaufsschlager und ist bis heute ein fester Bestandteil des kreativen Lang-Bräu-Sortiments. Er wird zusätzlich zu dem normalen 0,5-Liter-Seidel als Sixpack, Ein-Liter- und Zwei-Liter-Gebinde (für den Mann ab 40) angeboten. Eine nette Anekdote liefert das Erfolgsbier insofern, als ein Kunde sich einst bei der Brauerei darüber beschwerte, dass er nach dem Genuss mehrerer Halbe des Zauber-Bieres immer noch keine erotisierende Wirkung bei sich bemerkt habe. Da kann man nur sagen: Wer kann, der kann! In diesem Sinne: Prost!

Adresse Bayreuther Straße 18 – 19, 95632 Wunsiedel-Schönbrunn, www.lang-braeu.de | **Anfahrt** A 93, Ausfahrt Marktredwitz-Nord, dann B 303 Richtung Wunsiedel, Ausfahrt Furthammer / Schönbrunn, dann der Schönbrunner Straße folgen und nach links in die Bayreuther Straße nach Schönbrunn abbiegen, Brauerei rechter Hand nicht zu verfehlen | **Öffnungszeiten** Mo – Fr 7 – 18 Uhr, Sa 8 – 12 Uhr, Brauereiführung nach Voranmeldung (Tel. 09232/2197) | **Tipp** Im traditionellen und urgemütlichen Bräustüberl schmecken Brotzeit und Bier besonders gut.

110__Der Bärenfang

Wo man Meister Petz auf den Pelz rückte

Es mag vielleicht paradox klingen, doch als die Menschen sich während des Dreißigjährigen Krieges in Europa gegenseitig nach dem Leben trachteten oder an Seuchen elend zugrunde gingen, konnte die Natur eine Verschnaufpause einlegen, und so war es möglich, dass bereits stark zurückgedrängte Wildtierbestände sich schnell regenerierten, darunter auch Raubtiere wie Wölfe und Bären. Doch mit dem Westfälischen Frieden war diese Schonzeit vorbei. Bei der Rekultivierung der verwilderten Landstriche begannen die adligen Waldbesitzer und Jagdherren auch zügig mit der Dezimierung der Raubtierpopulation, die inzwischen überhandgenommen hatte.

Auf dem Großen Waldstein im Fichtelgebirge ist in diesem Zusammenhang eine in Deutschland einzigartige historische Jagdfalle erhalten, nämlich ein über 350 Jahre alter Bärenfang. Um das Jahr 1656 ist der massive Bau aus Granitstein errichtet worden und war bis ungefähr 1760 in Betrieb. Die imposante Lebendfalle ist neun Meter lang, etwas mehr als drei Meter breit und vier Meter hoch. Vermutlich besaß sie auch von Anfang an ein Dach. Auf jeder Stirnseite befindet sich eine große Durchgangsöffnung, die mit einem zentnerschweren Falltor versehen war. Beide schlossen sich gleichzeitig, sobald der mit Aas angelockte Bär am Köder, der im Fallengebäude an Seilen aufgehängt war, gezogen hatte. Anhand der im Stein eingearbeiteten Fugen kann man die Dicke der Falltüren erahnen.

Etwa ein Tier wurde pro Jahr auf diese Weise gefangen und zunächst in einem Käfig nach Gefrees transportiert. Doch sein Schicksal war bereits besiegelt. Manche Bären fristeten als Jahrmarktsattraktion oder Zirkustier ein trauriges Dasein. Im schlimmsten Fall wurde er in das markgräfliche Jagdschloss Thiergarten bei Bayreuth gebracht, wo er bei einer Bärenhatz unter dem heiteren Beifall der durchlauchten Zuschauerschar von Hunden zu Tode gebissen wurde. O tempora, o mores!

Adresse Großer Waldstein, 95239 Zell im Fichtelgebirge | Anfahrt A 9, Ausfahrt Gefrees, dann auf der Staatsstraße 2180 bis Gefrees, im Ort der Beschilderung nach Zell folgen und über die Kreisstraßen BT 4 und HO 19 bis Zell fahren, dort der Beschilderung zum Waldstein folgen, öffentliche Straße direkt zum Waldsteinhaus, Bärenfang etwa 100 Meter westlich des Parkplatzes | Tipp Das Gipfelensemble auf dem 877 Meter hohen Großen Waldstein gilt es unbedingt zu erkunden. Von der Aussichtsplattform »Schüssel« genießt man einen grandiosen Panoramablick über das Fichtelgebirge und die Münchberger Hochfläche.

111_Der Magnetberg

Wo die Kompassnadel Tango tanzt

Am Westrand des Fichtelgebirges schmiegt sich die Marktgemeinde Zell an den Fuß des Waldsteinmassivs. Ab hier geht das Granitgebirge nach Nordwesten in die sogenannte Münchberger Hochfläche über, deren Untergrund von nun an überwiegend aus Gneis besteht. Im Grenzbereich westlich von Zell liegt die gut 693 Meter hohe Kuppe des Haidbergs. Die auf den ersten Blick recht unscheinbare Erhebung besteht in erster Linie aus Serpentinit, einem meist graugrün schimmernden Gestein, das aus größeren Tiefen stammt und daher im Bereich von Bruchzonen in der Erdkruste vorkommt. Es enthält Eisenminerale, die eine zum Teil stark magnetisierende Wirkung haben. Diese erstaunliche Entdeckung machte Alexander von Humboldt, als er im Herbst 1796 bei einer Exkursion am Haidberg plötzlich starke Schwankungen an seiner Kompassnadel feststellte. Das wild tanzende Messinstrument konnte nicht mehr richtig eingenordet werden. Humboldt war fasziniert, experimentierte weiter und nahm auch mehrere Gesteinsproben vom »Magnetberg«. Der Serpentinit wurde bis 1983 in einem Steinbruch abgebaut. Dieser ist heute mit Grundwasser gefüllt und stellt ein wertvolles, geschütztes und für Menschen gesperrtes Geotop dar. Es ist jedoch möglich, von der umzäunten Abbruchkante einen Blick zu riskieren.

Auch die Vegetation des Haidberg-Südhangs unterscheidet sich deutlich von den übrigen Waldflächen des Fichtelgebirges und wirkt mindestens genauso anziehend wie das Gestein: Während im 19. Jahrhundert der Berg noch eine unbewaldete Weidefläche war, stehen heute Kiefern und vereinzelte Fichten auf lichten Magerrasenflächen weit auseinander. Derartige Standorte, die sich auf Serpentinitgestein entwickelt haben, sind in Deutschland sehr selten und bieten streng geschützten Pflanzen, die wie die Arnika oder die Buchs-Kreuzblume trockene, saure und nährstoffarme Böden mit viel Licht brauchen, ein Refugium.

Adresse Haidbergstraße, 95239 Zell im Fichtelgebirge | **Anfahrt** A 9, Ausfahrt Gefrees, dann auf der Staatsstraße 2180 bis Gefrees, im Ort der Beschilderung nach Zell folgen und über die Kreisstraßen BT 4 und HO 19 bis Zell fahren, im Ort von der Friedmannsdorfer Straße rechts in die Haidbergstraße abbiegen und bis zum Wanderparkplatz, weiter zu Fuß auf dem »Humboldtweg« zum Haidberggipfel | **Tipp** Das interessante Oberfränkische Bauernhofmuseum in Kleinlosnitz sollte man nicht verpassen.

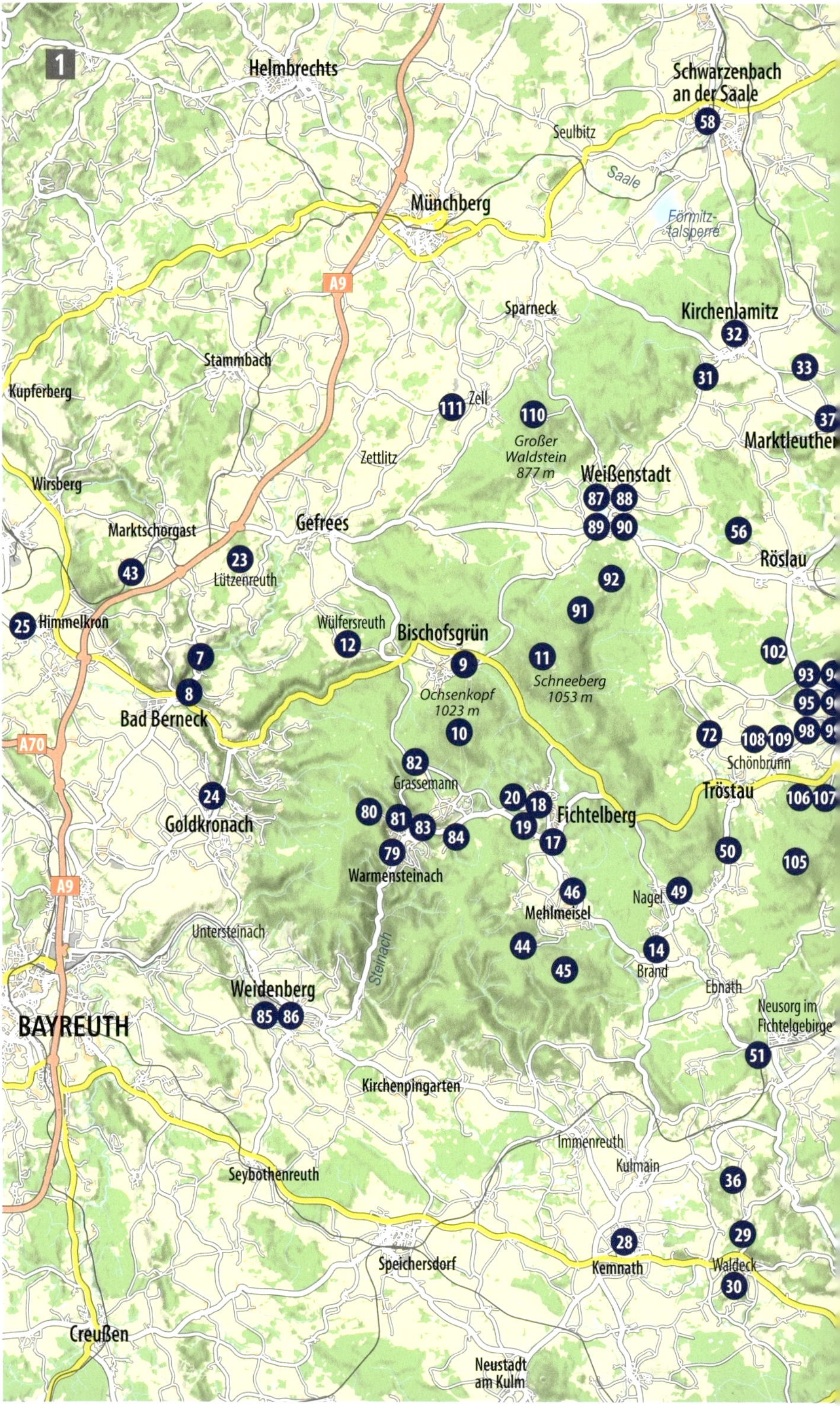
1
Helmbrechts
Schwarzenbach an der Saale
58
Seulbitz
Saale
Münchberg
Förmitz-talsperre
A9
Sparneck
Kirchenlamitz
32
33
31
Stammbach
Kupferberg
111
Zell
110
37
Großer Waldstein 877 m
Marktleuthen
Zettlitz
Weißenstadt
87
88
Wirsberg
89
90
56
Marktschorgast
Gefrees
Röslau
23
43
Lützenreuth
92
91
25
Himmelkron
Wülfersreuth
Bischofsgrün
12
9
11
102
7
Schneeberg 1053 m
93
8
Ochsenkopf 1023 m
95
Bad Berneck
10
72
108
109
98
A70
Schönbrunn
82
Tröstau
24
Grassemann
20
18
106
107
Goldkronach
80
81
83
84
19
Fichtelberg
17
50
79
105
Warmensteinach
46
49
A9
Nagel
Mehlmeisel
Untersteinach
Steinach
44
14
45
Brand
Weidenberg
Ebnath
Neusorg im Fichtelgebirge
85
86
BAYREUTH
51
Kirchenpingarten
Immenreuth
Kulmain
Seybothenreuth
36
29
28
Speichersdorf
Kemnath
Waldeck
30
Creußen
Neustadt am Kulm

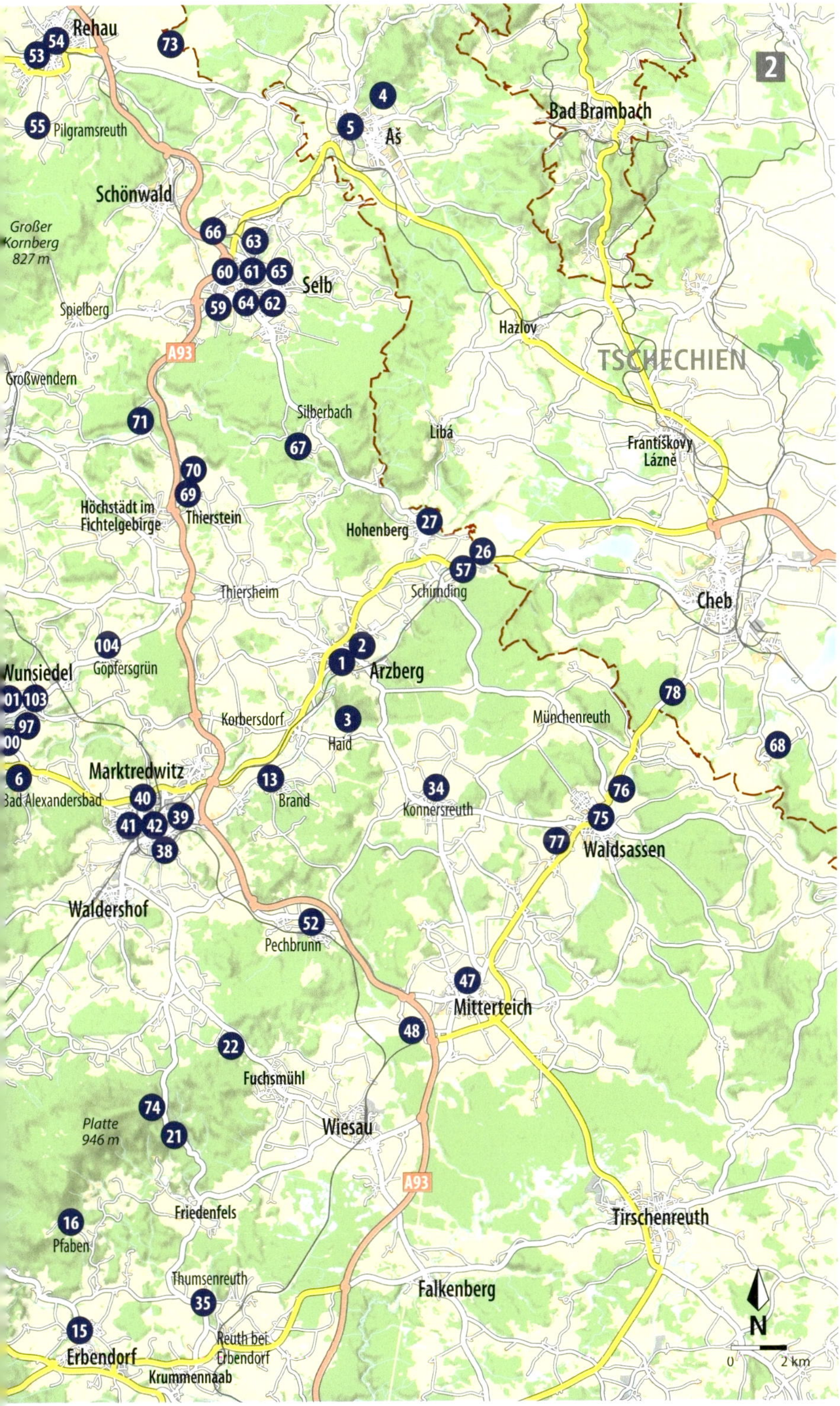
2
Rehau
Pilgramsreuth
Schönwald
Großer Kornberg 827 m
Spielberg
Großwendern
Aš
Bad Brambach
Selb
Hazlov
TSCHECHIEN
Silberbach
Libá
Františkovy Lázně
Höchstädt im Fichtelgebirge
Thierstein
Hohenberg
Schirnding
Thiersheim
Cheb
Wunsiedel
Göpfersgrün
Arzberg
Korbersdorf
Haid
Münchenreuth
Marktredwitz
Bad Alexandersbad
Brand
Konnersreuth
Waldsassen
Waldershof
Pechbrunn
Mitterteich
Fuchsmühl
Platte 946 m
Wiesau
A93
Friedenfels
Pfaben
Tirschenreuth
Thumsenreuth
Falkenberg
Reuth bei Erbendorf
Erbendorf
Krummennaab
N
0
2 km

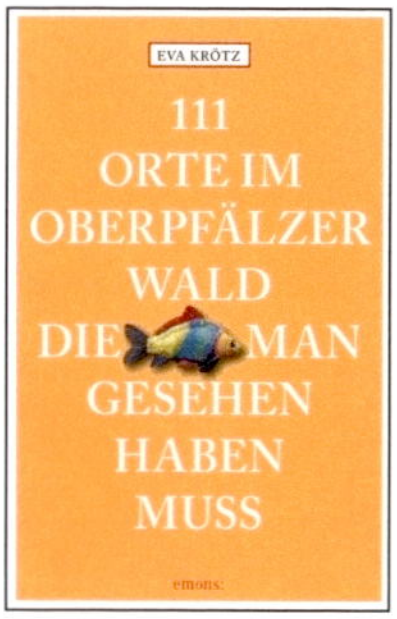

Eva Krötz
111 Orte im Oberpfälzer Wald, die man gesehen haben muss
ISBN 978-3-7408-0331-5

Ottmar Neuburger, Lisa Graf-Riemann
111 Orte vom Wilden Kaiser bis zum Dachstein, die man gesehen haben muss
ISBN 978-3-7408-0138-0

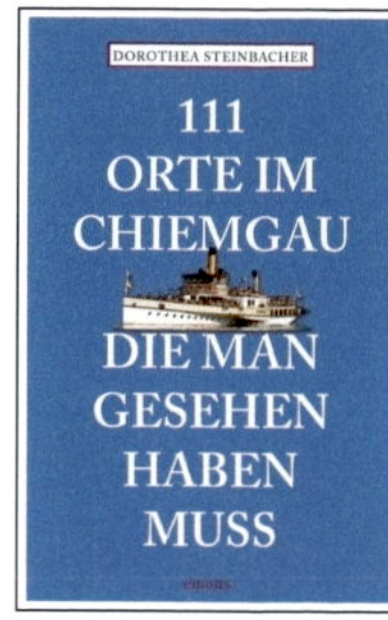

Dorothea Steinbacher
111 Orte im Chiemgau und im Rupertiwinkel, die man gesehen haben muss
ISBN 978-3-7408-0131-1

Tim Frühling, Christine Frühling
111 Orte in Osthessen und in der Rhön, die man gesehen haben muss
ISBN 978-3-7408-0127-4

Astrid Süßmuth
111 Orte im Werdenfelser Land, die man gesehen haben muss
ISBN 978-3-7408-0118-2

Oliver Ultsch, Pia Ultsch
111 Orte in und um Coburg, die man gesehen haben muss
ISBN 978-3-95451-923-1

Jochen Reiss
111 Orte im Fünfseenland, die man gesehen haben muss
ISBN 978-3-95451-851-7

Sabine Becht, Sven Talaron
111 in und um Bamberg, die man gesehen haben muss
ISBN 978-3-95451-706-0

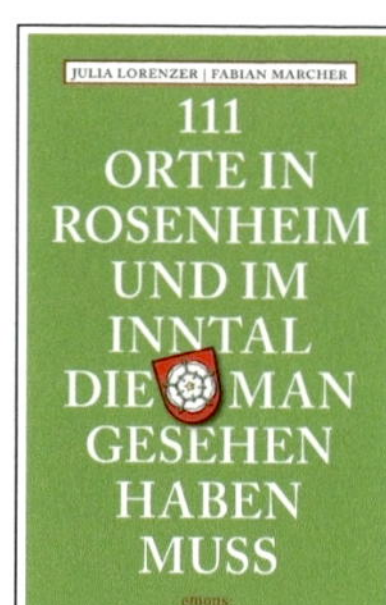

Julia Lorenzer, Fabian Marcher
111 Orte in Rosenheim und im Inntal, die man gesehen haben muss
ISBN 978-3-95451-735-0

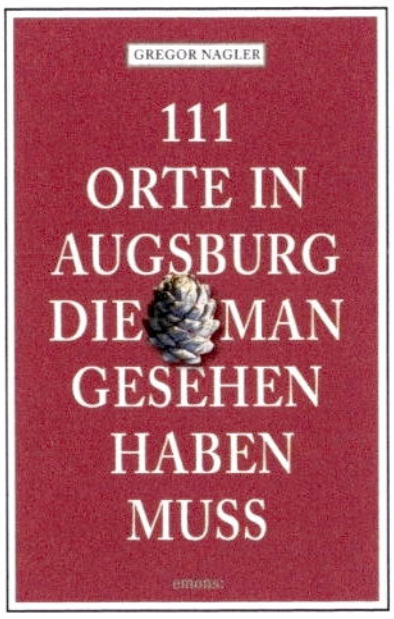

Gregor Nagler
111 Orte in Augsburg, die man gesehen haben muss
ISBN 978-3-95451-598-1

Marion Rapp
111 Schätze der Natur rund um den Bodensee, die man gesehen haben muss
ISBN 978-3-95451-619-3

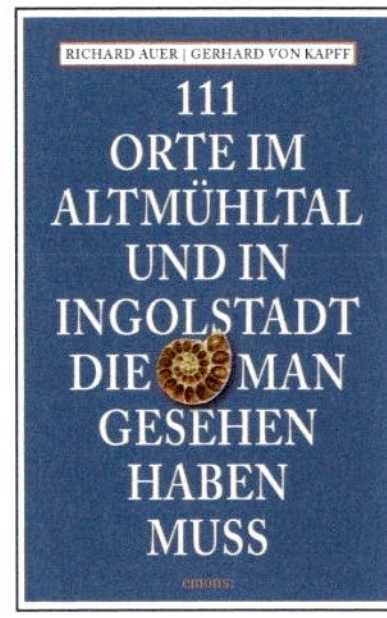

Richard Auer, Gerhard von Kapff
111 Orte im Altmühltal und in Ingolstadt, die man gesehen haben muss
ISBN 978-3-95451-616-2

Reiner Vogel, Maximilian Raab
111 Orte in Niederbayern, die man gesehen haben muss
ISBN 978-3-95451-539-4

Kerstin Söder
111 Orte im Fränkischen Seenland, die man gesehen haben muss
ISBN 978-3-95451-492-2

Jo Seuß
111 Orte in Fürth und Erlangen, die man gesehen haben muss
ISBN 978-3-95451-416-8

Bernd Flessner
111 Orte in der Oberpfalz, die man gesehen haben muss
ISBN 978-3-95451-369-7

Marko Roeske
111 Orte im Bayerischen Wald, die man gesehen haben muss
ISBN 978-3-95451-328-4

Cornelia Ziegler
111 Orte im Allgäu, die man gesehen haben muss
ISBN 978-3-95451-343-7

Werner Schwanfelder
111 Orte in Mittelfranken, die man gesehen haben muss
ISBN 978-3-95451-336-9

Renate Bugyi-Ollert (Recherche), Bernhard Horsinka, Angelika Baumgartner
111 Orte in und um Würzburg, die man gesehen haben muss
ISBN 978-3-95451-216-4

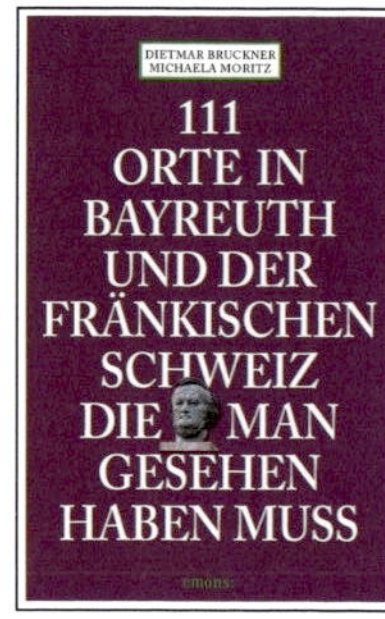

Dietmar Bruckner, Michaela Moritz
111 Orte in Bayreuth und der Fränkischen Schweiz, die man gesehen haben muss
ISBN 978-3-95451-130-3

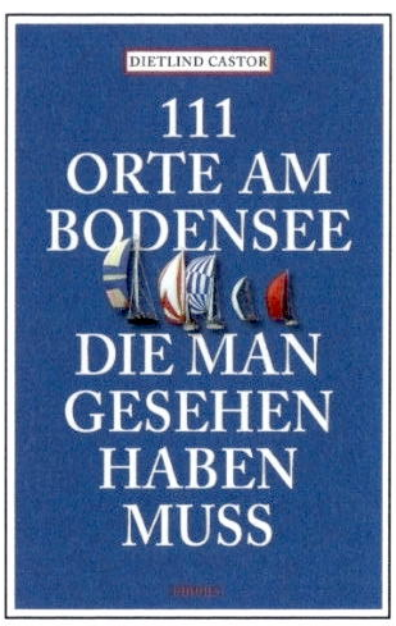

Dietlind Castor
111 Orte am Bodensee, die man gesehen haben muss
ISBN 978-3-95451-063-4

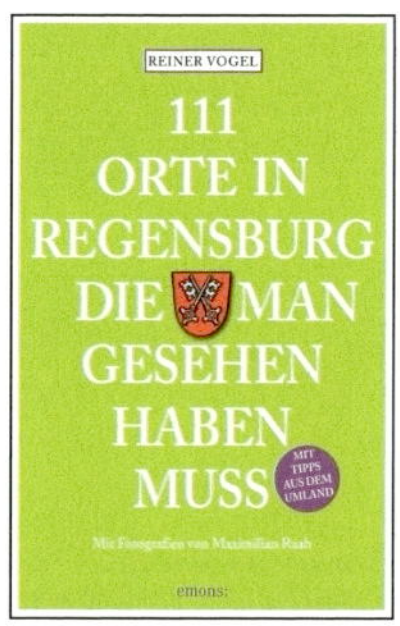

Reiner Vogel, Maximilian Raab
111 Orte in Regensburg, die man gesehen haben muss
ISBN 978-3-95451-054-2

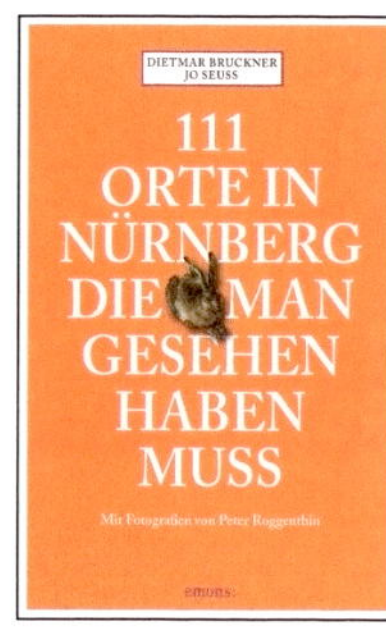

Dietmar Bruckner, Jo Seuß
111 Orte in Nürnberg, die man gesehen haben muss
ISBN 978-3-95451-042-9

Gertrud Steiger, Joachim Steiger
111 Orte im Odenwald, Spessart und an der Bergstraße, die man gesehen haben muss
ISBN 978-3-89705-945-0

Ottmar Neuburger, Lisa Graf-Riemann
111 Orte im Berchtesgadener Land, die man gesehen haben muss
ISBN 978-3-89705-961-0

Rüdiger Liedtke
111 Orte in München, die man gesehen haben muss
ISBN 978-3-89705-892-7

Rüdiger Liedtke
111 Orte in München, die man gesehen haben muss. Band 2
ISBN 978-3-95451-043-6

Erwin Uhrmann,
Johanna Uhrmann
111 Orte im Waldviertel, die man gesehen haben muss
ISBN 978-3-7408-0346-9

Ottmar Neuburger,
Lisa Graf-Riemann
111 Orte vom Wilden Kaiser bis zum Dachstein, die man gesehen haben muss
ISBN 978-3-7408-0138-0

Gerald Polzer, Stefan Spath,
Antonia Schulz
111 Orte in der Steiermark, die man gesehen haben muss
ISBN 978-3-7408-0140-3

Gerald Polzer, Stefan Spath
111 Orte in Oberösterreich, die man gesehen haben muss
ISBN 978-3-95451-857-9

Susanne Gurschler
111 Orte in Tirol, die man gesehen haben muss
ISBN 978-3-95451-834-0

Andrea Nagele, Marion Assam,
Martin Assam
111 Orte in Klagenfurt und am Wörthersee, die man gesehen haben muss
ISBN 978-3-95451-591-2

Gerald Polzer, Stefan Spath,
Pia Claudia Odorizzi von Rallo
111 Orte im Salzkammergut, die man gesehen haben muss
ISBN 978-3-95451-231-7

Marcus X. Schmid,
Michel Riethmann
111 Orte in Luzern und rund um den Vierwaldstättersee, die man gesehen haben muss
ISBN 978-3-95451-917 0

Uwe Ramlow
111 Orte im Tessin, die man gesehen haben muss
ISBN 978-3-95451-840-1

Gabriele Kalmbach (Hrsg.)
111 Orte in Dresden, die man gesehen haben muss
ISBN 978-3-89705-909-2

Oliver Schröter
111 Orte in Leipzig, die man gesehen haben muss
ISBN 978-3-89705-910-8

Ulf Annel, Juliane Annel
111 Orte in Erfurt, die man gesehen haben muss
ISBN 978-3-95451-022-1

Ulf Annel, Juliane Annel
111 Orte in und um Erfurt, die man gesehen haben muss
ISBN 978-3-95451-913-2

Ulf Annel, Juliane Annel
111 Orte in und um Weimar, die man gesehen haben muss
ISBN 978-3-95451-201-0

Matěj Černý, Marie Peřinová
111 Orte in Prag, die man gesehen haben muss
ISBN 978-3-95451-927-9

Ulf Annel, Juliane Annel
111 Orte an der Unstrut, die man gesehen haben muss
ISBN 978-3-7408-0347-6

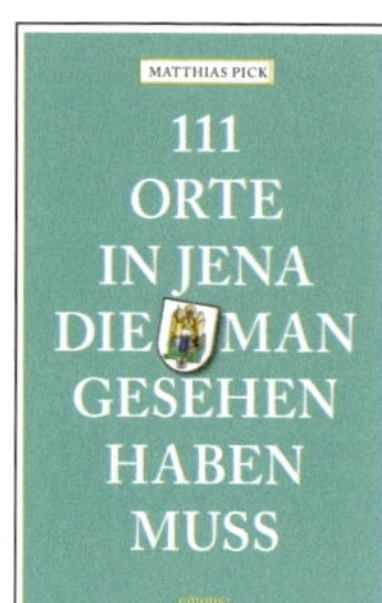

Matthias Pick
111 Orte in Jena, die man gesehen haben muss
ISBN 978-3-7408-0427-5

Der Autor

Bernd Schinner, geboren 1979 in Bayreuth, ist im Fichtelgebirge aufgewachsen und kennt die Region wie seine Rucksacktasche. Er studierte Germanistik sowie Geografie und lebt mit seiner Familie in München, wo er an einem Gymnasium unterrichtet.

Der Fotograf

René Rabenbauer, geboren und aufgewachsen im oberfränkischen Marktredwitz, machte inspiriert von seiner Mutter, einer Fotografin, die ersten Bilder bereits als Kind mit einer Agfa Optima. Daher ist der Fotograf auch heute gern einmal mit einer klassischen Kamera mit Rollfilm unterwegs und arbeitet derzeit in Konstanz am Bodensee.